공존을 위한

인문 무크지 아크 5

소통

아크 5

소통

허동윤

㈜상지엔지니어링건축사사무소 대표이사로 '건축은 인문에 다름아니다'라는 생각을 가지고 있다. 건축사 사무소로는 유일하게 인문학아카데미를 2017년부터 운영하고 있으며 열린부산·도시건축포럼 대표를 맡고 있다. 2020년부터는 인문무크지 『아크』를 발간하고 있다.

소통에 대한
사색과 실천을 위해

지난 4호『환대』를 발간하고 나서 지인들로부터 연락을 받았습니다. 대부분 처음에는 '주제를 왜 이렇게 잡았지?' 하다가 한 장 한 장 넘기다 보니 일상적으로 쓰던 '환대'라는 용어가 지니고 있는 깊은 의미와 철학적인 내용까지 생각할 수 있었다는 인사였습니다.

저 또한 처음 주제를 접했을 때 들었던 가벼운 생각이 필자들의 다양한 글을 통해 깊어질 수 있었습니다. 인문무크지 아크는 보고 난 후 폐기되는 잡지가 아니라 책꽂이에 꽂아놓고 생각날 때마다 꺼내볼 수 있는 책이었으면 하는 바람을 갖게 되었습니다.

4호『환대』를 보고 나서 느꼈던 벅찬 감정이 5호 발간을 앞두고 더해졌습니다.

숫자 5는 완성을 의미합니다. 그렇다고 5호가 아크의 완성이란 말은 아닙니다.

우주 만물을 이루는 다섯 가지 원소인 목, 화, 토, 금, 수를 이르는 오행 五行, 오행의 각 기운과 직결된 청 靑, 적 赤, 황 黃, 백 白, 흑 黑 의 다섯 가지 기본색인 오방색 五方色, 유교에서 실천 강목으로 이르는 다섯 가지의 인륜인 오륜 五倫, 다섯 가지 감각인 오감 五感, 심지어 다섯 손가락까지 일상에서 나열할 수 없을 정도로 오 5 는 중요하게 쓰입니다. 서양에서는 숫자 5를 사랑과 결혼의 상징으로 여기고 타로에서 5번은 화합과 평화의 상징으로 사용되는 교황을 위한 카드라고 합니다.

그러고 보니 이번 아크 5호 주제가 '소통'인 것도 우연이 아니라는 생각입니다. 사랑, 화합, 평화를 완성하기 위해서 반드시 필요한 게 '소통'입니다.

팬데믹이 가져온 차별을 극복하기 위해 '환대'가 필요하다면 엔데믹에서는 분열을 해소하기 위한 '소통'의 과정이 추가되어야 합니다.

우리는 소통이 활발한 시기에 살고 있습니다. 블로그, SNS, 유튜브 등 개인이 다양한 목소리를 낼 수 있는 채널은 많아졌지만 그 어느 때보다 소통이 되지 않는 아이러니한 시대를 살고 있습니다.

국어사전에서 소통은 '막히지 않고 잘 통함', '뜻이 서로 통하여 오해가 없음'으로 나와 있습니다. 그러기 위해서는 상호존중이 먼저 되어야 할 것입니다.

아니면 말고 식의 소문, 일방적인 가짜 뉴스, '좋아요'를 위한 보여주기식의 SNS까지, 나 이외의 다른 상대를 위한 배려는 찾아보기 힘듭니다. 자기중심이 아니라 상대에 대한 인정에서부터 소통은 시작되는 게 아닐까 생각합니다.

이번 아크 5호 『소통』을 발간하기까지 편집위원님들의 노고에 정말 감사드립니다. 매호 주제를 정해서 무크지를 단행본처럼 발간하는 실험은 하나의 주제를 더욱 넓고 깊게 바라보는 방법을 제시합니다.

『소통』의 필자로 참여해주신 분들께도 감사의 마음을 전합니다. 덕분에 우리는 다양한 글을 통해 '소통'에 대한 사색과 실천을 시작할 수 있게 되었습니다.

고영란

월간 예술부산 기자, ㈔한국예술문화비평가협회 사무국장과 계간『예술문화비평』편집장을 지냈다. ㈜상지건축 대외협력본부장으로 인문학아카데미를 기획, 진행하고 있으며 인문 무크지『아크』편집장이다.

Editor's letter

지난 10월, 2박 3일 일정으로 편집위원 워크숍을 다녀왔습니다. 3일 동안 함께 지내며 아크에 대한 이야기를 끊임없이 했습니다.

편집위원 모두 각자의 자리에서 바쁜 분들이지만 아크에 대한 애정과 열정으로 가득찬 시간은 우리가 아크를 통해 어떤 소통을 하고 싶었는지 생각하게 했습니다.

인문 무크지 아크를 창간하기 전, 대상은 누구로 할지, 정체성은 어떻게 정할지에 대한 논의를 하면서 개인적으로 약간 혼란스러웠습니다. 아크가 여타의 잡지처럼 하나의 목소리를 내는 게 맞는가 하는 생각이 들었기 때문입니다. 다양한 생각들을 모아 더하고 빼면서 서로의 차이를 인정하는 과정을 필자와 독자가 함께했으면 하는 바람이었습니다.

그러기 위해서는 정해진 틀이 아니라 하나의 주제에 대해 다양한 분야의 생각을 모으는 게 우선이었습니다. 일상에서 만난 언어가 각각의 영역과 연결되어 어떻게 발화發話 되는지, 아크 한 호 한 호를 엮을 때마다 설렜습니다.

이번 5호 주제를 편집위원들과 논의하면서 죽음, 노동, 기후, 가족, 소통 등에 대한 이야기를 했습니다. 논의 끝에 4호 주제였던 '환대'에 이어 5호 주제는 '소통'으로 정했습니다. 환대와 소통은 상생하는 언어입니다. 환대가 동반된 소통이야말로 사회공동체 발전에 가장 필요한 것이라는 생각을 해봅니다.

이번 호를 여는 첫 글은 「말들이 돌아오는 시간」 이성철입니다. 이 글은 제목에서 알 수 있듯 소통의 첫걸음을 '언어'에 둡니다. 다른 사람의 말에 진심으로 귀 기울인 적이 있는지, 단지 묻고 듣는 데 그치지 않고 다시 묻고 듣는 일로 끊임없이 이어지고 있는지 질문하며 나를 돌아보게 하는 소통의 완전체는 말-글=얼이라고 합니다. 그리하여 말들이 돌아오는 시간은 아프지 말라고 어루만지는 실천이 됩니다.

「모든 것에 금이 가 있다. 그래야 빛이 들어온다.」 장현정는 소통의 어원에 대한 글입니다. 소통 疏通 의 소 疏 는 성기게 짠 직물의 올 모양을 본떠 만든 글자라 성긴 올 사이로 거침없이 통과하는 데서 유래했다고 합니다. 엉성하게 성긴

서툶이 소통의 기본 태도가 되어야 한다고 말합니다. 그렇게 서로 스며들 수 있는 틈이 있어야 통할 수 있는 그것은 서로의 모자람을 있는 그대로 품어 안으면서 서로에게 흐르고 함께 두루 퍼져나가는 것이랍니다.

「소통 금지 사회의 기원, 그리고 매개 소통 사회의 이면」 정희준 은 '허락받은 질문', '규정을 준수한 소통'만 가능하게 하여 의도치 않게 획일적인 선택을 강요한 한국사회가 '소통'보다 '연결'이 더 중요하게 된 원인과 다양한 온라인 채널을 통해 기대했던 미디어 민주주의가 착각이었음에 대한 문제를 보여줍니다.

「자신과의 대화로서의 소통」 황규관 은 '우리가 사는 풍요의 시대 자체가 소통을 염두에 두지 않는 시를 쓰게 하는 현실적 배경이라며 우리가 돌아가야 할 길은 인공지능 프로그램이나 고성능 디지털카메라에 기대려는 문학적 시도들에 맞서 자기 자신과의 대화를 회복하는 것이어야 한다는 것을, 「커뮤니케이션이란 무엇인가?」 김형곤 에서는 커뮤니케이션이 어려운 이유가, 상대가 어떤 반응을 보일지 예측하기 어렵기 때문이라며 나와 다른 타인의 존재를 인정해야 비로소 가능해지는 커뮤니케이션이 활발해질 때, 우리 사회는 한 발짝 나아갈 수 있다고 합니다. 「이제까지 경험하지 못했던 존재와 소통」 이기준 은 가상의 세상에서 가상의 존재와 공존하고 소통할 준비가 되어 있는지 질문합니다.

이 외에도 한국사회과 일본사회에서의 소통에 대한 「일본적 소통으로 나아가는 한국, 한국적 소통을 시도하는 일본」 류영진, 공공건축을 통해 소통의 세 가지 사례를 보여주는 「큰 테이블에서 시작된 소통 이야기」 강동진, 소통은 먼저 트인 사람이 되는 '실천'을 한 뒤에야 찾아오는 변화라며 공감의 예술 시대를 이야기한 「나는 왜 늘 '흥행'에 처참하게 실패할까」 조봉권, 지역사회와 정신장애인이 함께하는 희망공동체를 꿈꾸는 「정신장애인을 바라보는 새로운 '시선'」 유숙, 한국 사회에 더 많은 공론장이 만들어져야 한다는 「소통의 기술」 고윤정, 세대 간의 소통을 고민하는 「흰 콩떡 먹기」 김지현 는 소통이 무엇인지 각각의 경험과 어우러져 있습니다.

그리고 건축 「공간, 그리고 소통」 차윤석, 「육지와 바다의 매개 공간, 워터프런트」 이한석, 그림 「소통: 억압, 차별, 배제를 넘어」 김종기,

영화 「〈접속〉1997 에서 〈헤어질 결심〉2022으로」 조재휘 , 전통 「신은 존재한다. 고로 나는 소통한다.」 심상교 등으로도 소통을 만날 수 있습니다.

인문 무크지 아크 5호 『소통』에 실린 총 17편의 글 하나 하나, 소중하지 않은 글이 없습니다. 좋은 글을 보내주신 필자들께 진심으로 감사드립니다. 덕분에 환대로 시작한 2022년을 소통으로 마무리하게 됐습니다. 새해에는 더 나은 모습으로 함께하는 아크가 되겠습니다. 새해 복 많이 받으십시오.

허동윤 · **소통에 대한 사색과 실천을 위해** 5

고영란 · Editor's letter 9

이성철 · 말들이 돌아오는 시간 19

장현정 · 모든 것엔 금이 가 있다. 그래야 빛이 들어온다. 31

정희준 · 소통 금지 사회의 기원, 그리고 매개 소통 사회의 이면 43

황규관 · 자신과의 대화로서의 소통 57

김형곤 · 커뮤니케이션이란 무엇인가? 71

이기준 · 이제까지 경험하지 못했던 존재와 소통 83

류영진 · 일본적 소통으로 나아가는 한국, 한국적 소통을 시도하는 일본 97

강동진 · 큰 테이블에서 시작된 소통 이야기 111

조봉권 · 나는 왜 늘 '흥행'에 처참하게 실패할까 135

유 숙 · 정신장애인을 바라보는 새로운 '시선' 149

고윤정 · 소통의 기술 165

김지현 · 흰 콩떡 먹기 175

차윤석 · 공간, 그리고 소통 187

이한석 · 육지와 바다의 매개 공간, 워터프런트 205

김종기 · 소통 : 억압, 차별, 배제를 넘어 221

조재휘 · 〈접속〉1997에서 〈헤어질 결심〉2022으로 237

심상교 · 신은 존재한다. 고로 나는 소통한다. 253

이성철

말들이 돌아오는 시간

장현정

모든 것엔 금이 가 있다.
그래야 빛이 들어온다.

정희준

소통 금지 사회의 기원,
그리고 매개 소통 사회의 이면

황규관

자신과의 대화로서의 소통

김형곤

커뮤니케이션이란 무엇인가?

이기준

이제까지 경험하지 못했던
존재와 소통

이성철

창원대학교 사회학과 교수이며, 산업 및 노동사회학을 가르치고 있다. 산업 문제를 문화의 시각에서 바라보려는 관심으로 여러 논문과 단행본을 썼다. 대표적인 저서로 『영화가 노동을 만났을 때』『안토니오 그람시와 문화정치의 지형학』『노동자계급과 문화실천』『경남지역 영화사』가 있다.

말들이 돌아오는 시간

들어가며

나희덕 2014 의 '말들이 돌아오는 시간'의 말은 일단 말 馬 이다. 그러나 나는 말 言 로 읽었다. 시인도 그러리라 생각한다.

말들이 돌아오고 있다
물방울 흩뿌리며 모래알을 일으키며
바다 저편에서 세계 저편에서
중략
지금은 말들이 돌아오는 시간
수많은 말들이 돌아와서 한 마리 말이 되어 사라지는 시간
흰 물거품으로 허공에 흩어지는 시간

말들이 돌아오는 것은 '그때-여기'를 떠났던 것을 전제한다. 나 우리 를 떠났거나 내 우리 가 보냈던 것들이 마지못해 돌아오는 것이 아니라 재회를 꿈꾸며 터질 듯 부푼 마음으로 돌아온다. 첫째 연 聯 은 흩어졌던 말들이 돌아오는 장면이다. 마지막 연은 말들이 모였다가 다시 흩어지는 시간이다. 그러나 이때의 흩어지는 시간은 허망이 아닐 것 같

다. 허공으로 올라갔다가 비나 눈이 되어 다시 우리를 촉촉이 적셔줄 것이라고 생각한다. 왜냐하면 다시 이야기하기 위해서……. '다시 이야기하기' re-story-ation 없이는 '회복' restoration 과 치유를 할 수 없기 때문이다 개리 냅핸 Gary Nabhan 의 말이다 . 모든 소통과 불통은 말에서 비롯된다.

삽화 1

미국 선주민의 후예인 식물생태학자 로빈 월 키머러 Robin Wall Kimmerer 는 『향모를 땋으며』의 어느 한 구절에서 이렇게 말한다. "모든 식물은 서 있는 사람들이다." 나아가 "이런 세상에서는 모두가 대명사"라고 한다. 이 말은 식물들의 소통이 대등하게 이루어진다는 뜻이기도 하다. 이러한 동조 同調 의 소통 메커니즘은 공기 중에서만이 아니라 '균근 菌根 그물망'을 통해 땅속에서 전개된다. 그래서 이들의 소통은 일방적인 지도 指導 가 아니라 서로의 방향을 알려주는 나침반이기도 하다. 이런 과정을 통해 각각의 존재들은 스스로의 지도 地圖 를 만들어간다. 프랑스의 사회학자인 들뢰즈, 그리고 가타리가 말하는, 리좀 Rhyzome 도 같은 맥락의 개념이다. 신영복 교수는 이를 '떠풀'이라는 말로 표현했다. 나직하지만 차별하지 않고 수평적으로 연대하는 대화인 셈이다. 원래 '숲 밑'을 뜻하는 영어는 'understory'다. 식물 군

락의 밑에서부터 under 은밀하고도 위대하게 나누는 이야기들 story 이 우람한 나무가 된다는 것을 말한다. 그러나 안타깝게도 현실은 그렇지 못하다. 로빈 월 키머러의 증조할머니 이름은 원래 '스쳐 지나가는 바람'이라는 뜻의 '샤노테'였는데, '샬롯'으로 바뀌었다고 한다. 뒤늦게 들어온 유럽의 군인이나 선교사들은 자신들이 발음하지 못하는 이름을 쓰지 못하도록 했다고 한다.

나는 평소 이해라는 단어, 즉 언더스탠딩 understanding 을 이렇게 생각해왔다. '자신의 태도를 낮추어 상대방에 맞추어 서는 것'이라고. 그런데 도래인 渡來人 들은 군림 domination 한 것이었다. 공조의 소통이 아니었다. 키머러는 소통의 핵심을 이루는 언어는 '문화의 심장'이라고 생각하기 때문에 상대방을 '대상의 집합이 아니라 주체의 연합'으로 보길 권한다. 전체가 더욱 번성하려면 개별성이 중시되고 장려되어야 함을 강조한 말이라 할 수 있다. 그리고 나는 이에 더해 상대방을 '주체의 단결들'로 여겨야 바람직한 소통이 시작될 수 있다고 생각한다. 왜냐하면 연합은 상태이고 단결은 동태 動態 이기 때문이다.

삽화 2

그래서 소통의 첫걸음은 언어다. 언어는 상징이다. 상징은 크게 둘로 나뉜다. 말로 표현되는 언어 verbal language 와 몸짓으로 나타나는 언어 non-verbal language 가 그것이다. 둘 다 언어라는 공통점이 있다. 모든 일의 시작은 이러한 언어로 시작된다. 『성경』의 「요한복음」도, 괴테의 『파우스트』도 모두 말씀으로 시작된다. 그러나 최초의 말들은 얼마 뒤 엉켜버리고 만다. 폴란드의 시인 비스와바 쉼보르스카의 「바벨탑에서」라는 시를 들여다본다. 남자와 여자 표시는 편의상 내가 붙였다.

남자 지금 몇 시야?

여자 그래요 난 행복해요. 단지 목에 걸 수 있는 조그만 종이 필요할 뿐예요. 당신이 곤히 잠든 사이 당신의 머리 위에서 딸랑딸랑 울릴 수 있게.

남자 그러니까 천둥소리를 못 들었단 말이지? 바람이 온통 벽을 뒤흔들고, 탑은 대문의 경첩을 삐걱대면서 커다란 사자처럼 늘어지게 하품을 했다구.

여자 어떻게 잊을 수가 있겠어요? 그때 나는 어깨에 단추가 달린 평범한 회색빛 드레스를 입고 있었는걸요.

남자 그 순간 수많은 폭발과 함께 하늘이 갈라져 버렸어.

여자 나는 분명 그곳에 들어갔었다고요. 기억 안 나요? 당신은 분명 혼자가 아니었잖아요.

남자 그때 난 갑자기 내 시력보다도 더 오래된 듯한 색깔들을 봤어. 하략

이 시 속의 남자와 여자는 연인이거나 부부일 수도 있다. 그러나 이들이 나누는 말들은 겉돈다. 각자가 겪었던 경험을 나누는 것이 아니라 독백이나 방백만 무성하다. 시그리드 누네즈가 『어떻게 지내요』에서 아무리 다음과 같이 말했다 하더라도 위의 대화는 너무했다. “우리는 각자 다른 언어를 지녔으므로 그 뜻이 저 자신에게는 분명하지만 다른 사람들에게는 그렇지 않다… 사랑하는 사람들이 가장 그렇지.” 한편 어느 곳에선가에서 노엄 촘스키가 이런 말을 한 적이 있다. “무색의 초록 발상들은 맹렬히 잠든다.” Colorless green ideas sleep furiously 무슨 말일까? 주어-동사-부사가 잘 어우러진, 즉 문법적으로 아무런 하자가 없는 문장이다. 그러나 아무도 그 뜻을 모른다. 완벽한 말이지만 완벽하게 소통되지 않는다. 쉼보르스카의 시에 등장하는 남자와 여자의 대화가 여기에 걸맞지 않은가? 우리들의 일상엔 이런 모습이 없을까? 『리스본행 야간열차』에서 파스칼 메르시어는 다음과 같이 말한다. “사람들의 만남이란 한밤중에 아무런 생각 없이 달려가는 두 기차가 서로 스쳐 지나가는 것과 같다는 생각을 자주 한다. 우리는 뿌연 창문 저편의 흐릿한 불빛 속에 앉아

있는 사람들에게, 우리 시야에서 바로 사라져서 알아볼 시간도 없는 사람들에게 빠르고 덧없는 시선을 던진다." 그러면서 덧붙이기를, "내 마음의 강물이 방향을 바꿀 정도로 다른 사람의 말에 진심으로 귀를 기울인 적이 있었던가?"라며 우리에게 묻는다. 상대방의 말에 귀를 기울이지도 않고 더구나 그 말에 무심하다면 세상은 너무 외로워지고 고독해진다. 단테 연구자인 이마미치 도모노부 今道友信 는 『신곡』의 「연옥」 편을 설명하면서, 인간의 죄를 네 가지로 나눈다. 생각, 말, 행위, 그리고 태만이 그것이다. 이 중에서 '말'은 "육체적으로 남에게 상처를 주는 것은 아니지만, 겉치레 말은 상대방을 오만의 죄에 빠지게 할 수도 있으며, 더욱이 남을 슬프게 하거나 남에게 절망감을 느끼게 하는 말은 타인에게 상처를 주는 죄"라고 말한다. 나는 여기에 덧붙여 잘못된 말은 상대방에게 육체적으로도 깊은 상처를 준다고 생각한다. 왜냐하면 잘못된 말은 상대방의 육체와 정신 모두 황폐하게 만들기 때문이다. 이탈리아 시인. 잠바티스타 바실레 Giambattista Basile 의 말처럼, "뼈 없는 혀가 척추를 부러뜨린다."

삽화 3

왜 이런 소통의 부재가 생겼을까? 파우스트는 태초부터 있었던 '말씀' 로고스 을 의미, 힘, 그리고 행위 등으로 옮겨 쓴

다. 그리고 이때부터 메피스토펠레스가 본격적으로 등장한다. 파우스트가 메피스토펠레스에게 "네 이름이 뭐냐?"고 묻자, 그는 이름을 직접 대지 않고 다음과 같이 말한다. "언제나 악을 원하면서도 언제나 선을 이루는 힘의 일부이지요." 그리고 덧붙이기를 "나는 끊임없이 부정하는 정령이올시다!" 나는 파우스트 즉 인간들 가 태초의 말씀을 자신들 나름의 의미나 힘, 그리고 행위 등으로 갱신했다고 생각한다. 파우스트 전체는 이러한 상징의 쟁투로 이루어져 있다. 이런 모습을 잘 보여주는 것이 『성경』의 바벨탑 축조과정이다. 바벨의 어원에 대해 잠깐 살펴본다. 바벨탑이 어느 곳에 있었는지에 대해서는 의견들이 분분하다. 그중에서도 지금의 이라크 지역에 있던 지구라트에 주목하는 전문가들이 많다. 지구라트는 '높이 솟아오르다'라는 뜻을 지닌 자가루 zagaru 에서 유래한다. 페테르 브뤼헐의 작품 「바벨탑」을 보면 짐작할 수 있다. 피라미드 형태가 아니다. 바벨 Babel 은 바빌론 Babylon 과 벨 Bel 의 합성어라고 한다. 벨은 길 road 이라는 뜻. 그러니까 '바빌론의 길'이라는 뜻이 되겠다. 모든 길이 바빌론으로 통하던 때가 있었으니, 인간들의 뽐냄이 잘 드러난 명칭이다. 그러나 그 바빌론도 슬픔에 잠긴다. 한편 히브리어로 바벨 babhel 은 '혼돈스럽다'는 뜻이고, 영어로 바블 babble 은 ' 알아듣기 어렵게 지껄이고 횡설수설하는 것'을 말한다.

이러한 상황은 배스커빌 사람 윌리엄 수도사가 묘사한 어느 수도사의 횡설수설에서도 짐작할 수 있다. 걸승 乞僧 처럼 생긴 수도사는 윌리엄과 그의 제자 아드소에게 라틴 속어, 프로방스어, 이탈리아어, 카탈로니아어 등을 마구 뒤섞어서 뜻 모를 설교를 한다. 아드소는 그 말을 도저히 알아들을 수가 없다. 그가 내린 결론은 이렇다. "어쩌면 그는 걸승 수도사를 말함 나름대로 자신이 접한 언어들의 기본 뼈대를 이용해 자신만의 말을 하나 만들었는지도 모르겠다. 그래서 나는 이거야말로 창세 적부터 바벨탑 시대에 이르기까지 인류가 두루 쓴 아담의 언어, 혹은 언어의 사분오열 뒤에 생긴 방언이 아니라 하느님의 응징이 떨어진 바로 그다음 날의 바벨 언어, 즉 원시적인 혼란의 언어라고 생각했다." 움베르토 에코, 『장미의 이름 1』, 이윤기 옮김, 열린책들, 95-96쪽

나는 에코의 이 글 속에는 두 가지 의미의 말이 들어있다고 생각한다. 즉 글 속의 '자신만의 언어'는 일종의 계급방언 階級方言 이다. 그리고 '혼란의 언어'는 벌 罰 로서의 언어일 것이다. 이를 다시 찬찬히 살펴본다. 첫째, 계급방언은 구별짓기의 전형적인 예 중의 하나이다. 왜냐하면 계급방언은 '특정 사회계층에 속하는 사람들만 특징적으로 쓰는 말'이기 때문이다. 걸승의 지껄임은 자신만의 현학을 드러낼 뿐이었다. 신의 말씀을 듣길 바라는 중생들의 염원과는 거리가 먼

말들이다. '구별짓기'의 전형적인 한 수단인 셈이다. 그러나 청자는 말하는 사람의 말을 듣기는 한다. 그리고 화자의 말에 진술하지 못한 위압감이나 위화감, 차별의식 등이 담겨 있는 것을 감지한다. 그리고 화자가 자신의 말을 기준으로 해서 여타의 사람들이 위계서열로 줄서기를 바란다는 것도 안다. 이런 상황에서는 바람직한 커뮤니케이션이 생기지 않는다. 이는 개인과 개인의 문제에만 그치지 않는다. 왜냐하면 소통, 즉 커뮤니케이션 communication 은 '사회 commune 만들기 cation '이기도 하기 때문이다. 홍성태 교수의 표현이다. 나아가 이런 상황은 아름다운 질서 상태가 될 수도 없다. '질서' order 의 어원은 라틴어 오르디넴 ordinem 에서 왔다. 오르디넴은 베틀에 단정하게 줄지어 선 실의 가닥을 묘사하는 말이었다고 한다. 그 후 시간이 지나면서 이 단어는 사람들이 왕이나 장군 혹은 대통령의 지배 아래 얌전히 앉아있는 모습을 묘사하는 은유로 확장되었다. 그리고 1700년대에 와서야 이 단어가 자연에 적용되기 시작했다. 그 이유는 자연에 질서정연한 계급구조가 존재한다는 추정에 따른 것이었다. 룰루 밀러, 『물고기는 존재하지 않는다』, 정지인 옮김, 곰출판, 267쪽 상대방을 자신의 말이라는 자 ruler 로 재려고 하는 사람은 독재자 the Ruler 이기 십상이다.

둘째, '혼란의 언어'는 바람직한 질서를 갖춘 모습과는 전혀 다르다. 코스모스가 아니라 카오스다. 사랑이 아니라 분열이고 흩어짐이다. 이는 위압자나 독재자에게서만 비롯되는 것은 아니다. 평범한 일상을 살아가는 우리들의 언어소통에서도 자주 일어난다. 상대방의 상황을 리허설하지 않고, 섣불리 예단해버리는 통에 바벨의 나락에 떨어지고 마는 것이다. 나는 막스 베버가 말한 '상상적 시연 試演, imaginative rehearsal. 즉 이해를 말한다'을 아름다운 소통을 위한 전제라고 생각한다. 상대방과 커뮤니케이션을 하는 동안 그 녀 의 말을 다시 re 듣고 hear 헤아려보는 것 imaginative 이기 때문이다. 그러니까 상대방에 대한 '모름다움'은 '아름다움'의 반대말이다. 또한 우리가 쓰는 말 성어, idiom 에는 반드시 사람들이 걸어온 이야기 고사, story 가 담겨 있기 때문이기도 하다. 고사성어 故事成語 가 바로 그런 뜻이다. 일회성이나 형식적인 만남이 아니라면, 말들의 배경에도 관심을 가져야 하지 않을까? 전문 교정자 김정선 선생이 쓴 『동사의 맛』에 실린, '듣다'와 '묻다' 항목이 연상되었다. "'듣'자 아래위의 자음 'ㄷ'이 꼭 귀처럼 보인다. 두 개의 귀를 한쪽 방향으로 열어둔 모습이랄까. 아니 어쩌면 말하는 사람을 향해 몸의 귀도 열고 마음의 귀도 열라는 뜻인지도 모르겠다. ... 반면 '묻다'는 입 모양의 'ㅁ'과 귀 모양의 'ㄷ' 사이에 'ㅜ'가 끼여 있다. ... 묻는 일은 단지 묻고 듣는 데 그치지 않고 다시 묻고 듣는 일로 끊임없이 이어져야 한다는 뜻 같기도 하다." 나를 돌아보게 하는 소통의 완전체, 즉 말-글=얼이었다.

나가며

앞서 언급했던, 메피스토펠레스의 말을 다시 한번 소환해본다. "나는 언제나 악을 원하면서도 언제나 선을 이루는 힘의 일부이지요."『파우스트』를 번역한 독문학자 장희창 교수는 해설에서 이 책이 담고 있는 정신을 한 문장으로 표현한다. "착한 인간은 어두운 욕망 가운데서도 올바른 길을 알고 있다." 즉 파우스트를 구원 가능한 존재로 형상화하고 있다. 파우스트를 구원한 그레트헨의 사랑이었을 것이다. 그래서 신형철은 "이 세상의 한 인간은 다른 한 인간을 향한 사랑을 발명해낼 책임이 있다"고 말했을까? 『인생의 역사』, 난다, 97쪽 정말 말들이 돌아오는 시간은 가능할까? 정세훈 시인의 「몸의 중심」에서를 떠올려본다. 소통은 온몸으로 하는 것이기 때문에….

몸의 중심은 아픈 곳이다.
몸의 중심으로 마음이 간다.
아프지 말라고 어루만진다.

장현정

작가, 사회학자, ㈜호밀밭 대표. 부산대학교 사회학 박사 과정을 수료하고『록킹 소사이어티』를 비롯해 여러 권의 책을 썼다. 최근 작품으로『바다의 문장들 1』을 펴냈고,『주4일 노동이 답이다』(공역)를 우리말로 옮겼다. 현재 부산출판문화산업협회 회장으로 활동 중이다.

모든 것엔 금이 가 있다. 그래야 빛이 들어온다.

오랫동안 동양의 정치 지도자들에게 가장 큰 임무는 '재난관리'였다. 그것은 오늘날에도 마찬가지다. 국민의 재산과 생명을 지키지 못하는 지도자라면 변명의 여지 없이 벌 받아야 한다. 그러나 일찍이 1986년에 독일 사회학자 울리히 벡이 '위험사회'라는 개념을 통해, 현대사회의 '제도화된 무책임', '조직화된 무책임'에 대해 경고한 것처럼 오늘날의 재난에는 책임지는 사람이 없다. 시민들의 더 많은 정치참여와 더 많은 소통이 갈수록 절실해지는 이유다.

과거에는 재난관리 중에서도 물 다스리는 일이 가장 중요했다. 많은 사람이 물가에 모여 살았고 '농자천하지대본 農者天下之大本'이라는 말처럼 농업이 먹고사는 일의 근본이었기 때문이었다. 기우제를 지내도 가뭄이 계속되거나 반대로 홍수를 제대로 관리하지 못했을 때 백성들은 지도자의 덕을 의심했고 심한 경우 반란과 혁명이 일어났으며 역병이 돌았다. 그래서 정치 政治 의 능력은 곧 치수 治水 의 능력이기도 했다. 다스린다는 의미의 '치 治'라는 글자가 이미 물을 다스린다는 의미인데 이와 관련해 주목할 만한 이야기가 있으니, 바로 곤 鯀 과 우 禹 임금의 치수 신화다. 요약하면 다음과 같다.

●

태평성대를 구가하던 요堯 임금 시절에 무려 20여 년에 걸친 대홍수가 났다. 요 임금이 이 홍수를 다스릴 적임자를 추천하도록 하자 모든 신하가 곤을 추천했는데, 곤은 물의 흐르는 본성을 거스르고 막아서 통제하려다 결국 실패하고 만다. 9년 동안이나 물을 제어하려고 애쓰는 과정에서 더 단단한 둑을 쌓기 위해 더 많은 흙이 필요했던 곤은, 마치 신으로부터 불을 훔쳐 인간에게 가져다주었다가 벌을 받은 프로메테우스처럼 결국 천제天帝의 흙에까지 손대었다가 그 벌로 처형당한다.

그런데 곤의 시체가 3년이 지나도 썩지 않자 이를 괴이하게 여긴 천제가 배를 갈라 보도록 했는데, 그 속에서 외뿔 달린 용이 튀어나왔다. 이 용이 훗날 사람으로 변해 임금이 된 곤의 아들 우禹이다. 우는 아버지 곤과 달리 둑을 쌓아 물길을 막는 대신 물길을 터서 물의 본성을 거스르지 않고 길을 내주는 방식으로 다스려 결국 성공했고 이후 중국인들에게 '위대한 우 임금大禹'으로 불리게 된다.

나는 이 이야기의 핵심이 '본성을 어떻게 다룰 것인가'에 있다고 본다. 재난관리를 포함한 그 어떤 일이든 이치와 본성을 거스르고 강제로 통제해서 성공하는 일은 거의 없었기 때문이다. 물과 마찬가지로 말도 그렇다. 언로言路를 막고 통제해서 오래 버틴 경우가 역사 속에 있었던가. 개인도, 조직도, 국가도, 구분 짓고 편 가르고 쌓고 지키는 것만으로는 한계가 있다. 신체의 혈穴이 잘 뚫려야 건강한 것처럼 인간과 세계의 이치도 그렇다. 막고 쌓고 지키더라도 적절한 곳에 틈을 내야 한다. 갈라진 곳으로 빛이 스미고, 금 간 곳 사이로 바람이 통하게 마련이다.

당장, 인문人文이라는 말을 살펴봐도 곧이곧대로 풀어보면 '인간의 상처'를 의미한다. 아마도 한자에서 가장 중요한 글자 하나를 꼽으라면 바로 이 '문文'이라는 글자일 텐데 어원상으로는 사람의 몸에 상처를 낸다는 의미이고 이렇게 상처 낸 자리가 바로 하늘, 세계, 타인과 교류할 수 있는 통로가 된다는 의미이니 인문학은 인간의 상처, 존재의 틈, 갈라진 곳에 대한 탐색이기도 하다. 인문적 인간이란 상처 입은 인간이고, 그 상처를 통로 삼아 세상과 소통하는 인간이다. 그러니 상처 없는 인간과 소통하기란, 문 없는 건물 안으로 들어가야 하는 일만큼이나 막막할 수밖에 없다. '문文', 즉 상처가 곧 통로이고 혈穴이다.

●

소통 疏通 에 대해 말하려다 보니 서론이 길었다. 소통은, 사전적으로는 '막히지 아니하고 잘 통함', '뜻이 서로 통하여 오해가 없음'과 같은 뜻을 가진 단어다. 그중에서도 특히 '소 疏'라는 글자를 자세히 볼 필요가 있는데, 이 글자는 성기게 짠 직물의 올 모양을 본떠 만든 글자다. 올이 빽빽하면 잘 통과할 수 없지만, 올이 엉성하면 거침없이 통과한다는 데서 유래했다. 나는 언뜻 열등하다고 여길 수 있는, 다시 말해 엉성하다는, 성기다는, 거칠다는, 서툴다는 의미의 이 글자가 오늘날 그토록 가치를 강조하는 소통의 기본 태도가 되어야 한다고 믿는다. 의미부인 '㐬 깃발 류'가 흐른다는 의미를 지니고 있어 물과 연결되고, 한편으로 이 글자 자체도 거칠다, 성기다, 흐릿하다 등의 의미를 지닌다. 갓 낳은 아이의 벌어진 다리를 형상화하기도 해서 듬성듬성하고 아직 익지 않은 모습을 의미하기도 한다. '소 疎'와도 혼용되지만, 이 글자는 발음을 강조하기 위해 '㐬' 대신 '束'을 더하며 나중에 나온 것으로, 소통을 표기할 때 혼용되는 일은 없다. 요컨대, 우리가 서로 통할 수 있는 방식은 여러 가지지만, 그중에서도 '소통'이란 효율성과 합리성의 매끈하게 다듬어진 세계에서 빠져나와 조금은 모자라고 엉성한, 성글고 서툰 상태가 되어야만 가능하다는 의미 아닐까.

통 通 은 쉬엄쉬엄 갈 착 辶 이 의미부로, 길을 따라 널리

통하고 두루 퍼져나간다는 의미이며 흔히 '통하다', '내왕하다', '알리다'라는 뜻을 가진 글자이다. 甬 길 용 자는 속이 텅 빈 수통을 형상화한 것인데 대롱 모양으로 속이 빈 통처럼 막힘없이 빠져나간다는 의미이니 엉성한 올을 형상화한 '소疏'와도 어울린다. 요컨대, 사이가 트여야 통할 수 있으므로 소통의 전제 조건은 서로 스며들 수 있는 틈이 있어야 한다는, 다시 말해 허물없이 서로의 성글고 거친 모습이 드러나야 한다는 의미로도 해석할 수 있겠다.

영어로는 소통을, '커뮤니케이션 communication'이라고 한다. 공유하다, 나누다, 알리다, 함께 하다 등의 의미인 라틴어 'communis'에서 유래했는데 무료, 공개, 함께 등의 의미도 갖는다. 현대 프랑스어의 '코뮌 commune'도 같은 어원인데 지금 코뮌이라고 하면 공부 좀 한 사람들은 당장 공산주의나 사회주의를 떠올릴 수도 있지만, 궁극적으로는 함께하는 것, 그중에서도 서로의 틈과 엉성함을 입구와 출구로 삼아 어깨를 걸 수 있는 사람들이 함께한다는 뜻쯤으로 갈피를 잡아보면 어떨까 한다.

●

결국 개인에게도, 조직에도, 이 세계에도, 각각의 생기와 활력을 위해 나름의 생生의 혈穴을 뚫을 수 있을 것인가가 관건이다. 일상의 압박과 스트레스로 여기저기 혈이 막혀 심리적으로나 육체적으로 건강이 안 좋아지는 사람들이 늘고 있다. 조직도, 사회도 마찬가지다. 어떻게 해야 할까. 우임금의 치수 신화처럼 각자의 본성을 살리는 방식으로, 또 서로의 모자람을 있는 그대로 품어 안으면서 서로에게 흐르고 함께 두루 퍼져나가야 하는 것 아닐까. 역사를 보면 언제나 막고, 금지하고, 통제했던 세력은 머지않아 쇠락하고 패망했다. 반면 용기를 내서 낯설고 불편한 것, 성글고 이질적인 것들과 기꺼이 만나려고 했던 세력은 위기를 넘기면서 전성기를 구가했다. 단적인 예로, 해상을 장악한 서양 세력에게 힘 한번 제대로 써보지 못한 채 급속도로 쓰러진 동아시아의 근대를 떠올려봐도 좋겠다. 바다 지배를 위해서는 선박과 총포가 필수였는데 원래 그 기술의 기원은 중국에 있었다. 하지만 중국은 1550년대에 전통 무기로 전환하면서 연해 지역 질서 유지를 위해 바다를 금지해버리고 말았다. 이른바 '해금 海禁 정책'이다. 이는 이후 동아시아에서 중화 질서가 깨지고 작은 섬나라 영국에 치욕적인 패배를 당하게 한 가장 큰 원인으로 꼽힌다. 반면 서양은 선박과 대포를 성공적으로 결합해 해전에 활용했고, 이후 레판토 해전 1571 , 영국의 스페인 무적함대 격파 해전 1588 등으로 이어지며 세계를 지배할 준비를 착실히 진행했다. 이 시기 조선의 임진왜란 1592 도 해양에 관한 관심을 환기할 절호의 기회였지만, 당대 조선의 성리학자들은 자기 자리를 지키는 것에만 관심이 있었을 뿐 새로운 것과 만나고 섞이며 소통하는 데는 관심이 없었으니 아쉬운 일이다. 이후로도 오랫동안 중국은 바다로 나가지 않았고, 급기야는 동아시아 근대의 시작으로 잡는 1840년의 아편전쟁을 계기로 급격히 쇠락하고 말았다.

●

아편전쟁을 동아시아 근대의 시작으로 잡는 이유는, 이때 비로소 본격적으로 이질적인 성격의 두 세력이 섞이기 시작했기 때문이다. 영국을 비롯한 서양 제국주의 세력은 이 시기에 중국뿐만 아니라 일본, 조선 등지에서 격렬하게 만나기 시작한다. 1853년 미국 페리 제독의 흑선이 일본 코앞까지 가서 개항을 요구한 것도 대표적 사례 중 하나다. 이 새로운 세력의 등장은 중국 중심의 기존 동아시아 질서와 체계를 흔들었고 이후 아주 오랫동안 동아시아 정세와 역사에 큰 영향을 주었다. 아편전쟁 이후 중국은 서구 제국주의 국가들과 불평등조약을 맺고 서구 열강에 의해 서서히 잠식되었고 일본과 조선 또한 중국과 마찬가지로 강제 개항과 불평등조약을 강요받으며 제국주의의 희생양으로 전락했다.

이후 중국에서는 양무운동이 일어났고 해군 건설을 통한 근대화에 나섰지만, 오랫동안 반半 식민지 상태로 극심한 혼란을 겪게 되고 반면 일본은 메이지유신을 통한 근대화에 성공하며 제국주의 열강과 어깨를 나란히 하게 되었으며 조선은 일본의 식민지로 전락하여 자주적 근대화의 기회를 빼앗겼다. 그리고 2차 세계대전과 태평양전쟁, 1997년의 홍콩 반환, 이후 전개된 중국의 부상과 팍스 시니카 Pax-Sinica 등이 우리가 알고 있는 세계사의 흐름이지만 여기서 간과하면 안 될 교훈이, 새로운 것과 만나기를 두려워하는 세력은 언제나 곧 무너지는 운명에 처했다는 사실이다. 소통은 그래서, 용기의 다른 말이기도 하다. 나를 내보일 용기, 나와 달라서 두렵고 불편한 것과도 함께 손잡고 나아갈 볼 용기.

●

누구나 SNS나 블로그 등 자기 매체를 가진 지금과 같은 시대에는 누구도 들으려 하지 않지만, 모두가 말하고 싶어 한다. 아무도 읽지 않지만, 모두가 쓰고 싶어 한다. 서로의 답을 향해 미끄러지고 가로지르는 대화 Dia-logue 는 사라지고, 대신 자기 답만을 강요하는 독백 Mono-logue 으로 24시간 소란스럽다.

그럼에도 읽고, 듣고, 실천하는 사람들은 있을 것이다. 바로 소통하려는 자들이다. 차별과 혐오, 억압과 권위주의에 맞서 싸우려는 자들, 빽빽하게 채우지 않고 일부러 서툴고 성긴 모양으로 아래를 향해 낮게 흘러가려는 사람들이다. 그들은 바다를 닮으려는 사람들이다. 노자도 '상선약수 上善若水', 즉 최고의 선은 물과 같다고 한 바 있는데 그처럼 진정으로 소통하려는 사람은 만물을 이롭게 하면서도 다투지 않고 모든 사람이 싫어하는 곳에 머물고자 노력한다. 물론 쉬운 일은 아니다. 소통이 쉬운 일이라고도 하지 않았다. 그럼에도 특히 요즘처럼 사나운 시대에 소통은 포기할 수도 없고, 포기해서도 안 될 더욱 중요하게 지향해야 할 인문적 가치다.

주역 64괘의 마지막 괘는, '火水未濟 화수미제'다. "여우가 강을 다 건넜는데 그만 꼬리를 물에 빠트리고 말았다"는 뜻인데, 나는 이 미완의 괘를 사랑한다. 부족하기에 다시 시작할 수 있고, 모자라기에 다시 나아갈 수 있다는 우주의 이치를 담고 있다고 생각해서다. 힘들고 서러울 때, 가난하고 나약할 때 우리는 비로소 다시 시작할 계기를 마련할 수 있다. '궁하면 변화를 도모하게 되고, 변하면 통하게 되고, 통하면 곧 구하게 된다 窮則變, 變則通, 通則久'는 이치다.

●

팬데믹 초기에 영국에서는 통신탑 화재가 자주 일어났다고 한다. 5G 인터넷이 코로나바이러스를 전파한다는 가짜 뉴스 때문이었다. 이런 일은 소재만 달리할 뿐, 세계 곳곳에서 빈번하게 일어났다. 실시간으로 전 세계가 연결된 초연결 사회에서 오히려 가짜 뉴스가 판치고 잘못된 정보가 더 강하게 확산하는 지금 같은 현실을 어떻게 봐야 할까. 지금 우리 시대는 소통의 비상시국이기도 하다.

최근 부산 망미동의 복합문화공간 플래그엠에서는 내가 좋아하는 미술작가 김대홍의 전시 〈아무도 들어주지 않는 노래를 부르는 사람들〉이 열렸다. 같은 제목의 연작 19점을 선보인 이 전시에 갔다가 나는 조금은 충동적으로 10번 그림을 구입했다. 아무도 들어주지 않는 노래를 부르는 사람의 마음을 미루어 짐작해보다가 그만 울컥했기 때문이었다. 지금 우리는 연결되고 있는 걸까? 서로의 엉성함과 서투름을 기반 삼아 그 사이로 시원하게 퍼져나갈 용기를 내고 있는 걸까? 마침내 사랑하고 하는 걸까? 그런 질문들이 머릿속에서 어지럽게 떠다녔다.

"모든 것엔 금이 가 있다.

그래야 빛이 들어 온다.

There is a crack in everything.

That's how the light gets in."

이 글을 쓰려고 자리에 앉았을 때, 문득 레너드 코헨의 노래 〈송가 Anthem〉가 떠올라서 거기 나오는 멋진 가사 한 구절을 제목으로 삼았다. 한 해를 마무리하는 시기에 더욱 마음에 와닿는 문구였다. 올 한 해 아크와 함께 고맙고 즐거운 일이 많았다. 다가오는 2023년, 아크와 함께해주신 모든 분이 건강하고 다복하시길, 또 이 세상에 사랑과 웃음이 더 많아지는 새해가 되길 소망하며 인사드린다.

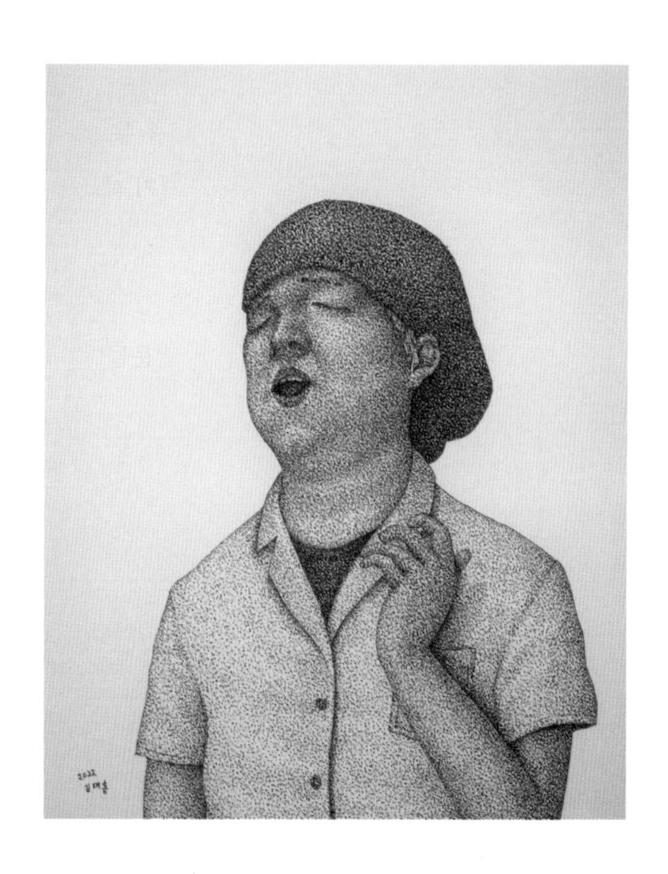

정희준

국가인권위원회 정책자문위원, 한국프로축구연맹 'K리그 발전위원회' 위원, 동아대학교 체육학과 교수, 부산관광공사 사장 등을 지냈다. 현재는 소통하는 국회 자문위원회 위원으로 활동 중이다. 저서로는 『스포츠 코리아 판타지』『어퍼컷』『미국 신보수주의와 대중문화 읽기』 등이 있다.

소통 금지 사회의 기원, 그리고 매개 소통 사회의 이면

2010년 G20 서울정상회의 폐막 연설 후 오바마 미국 대통령은 특별히 개최국인 한국 기자들에게 질문권을 선사했다. 질문은 나오지 않았고 어색한 정적이 흘렀다. 민망한 분위기를 바꾸기 위해서인지 오바마는 "통역도 해주겠다"고 했다. 또 침묵이 흐르자 기자석을 향해 "아무도 없나요?"를 두 차례나 반복해서 물었음에도 질문에 나서는 한국 기자는 아무도 없었다. 그 질문권은 결국 "아시아를 대표해 질문하겠다"고 우기던 중국 기자에게 돌아갔다.

이 풍경은 10여 년 지나 또 반복된다. 2021년 서울에서 열린 한미 정상회담 후 공동 기자회견이 끝나갈 무렵 바이든 대통령이 우리 기자들에게 질의 기회를 줬다. 어색한 정적이 흐르자 한 번 더 요청했다. 이렇게 30여 초가 흐른 후 한 기자의 덕담성 질문으로 상황은 마무리된다.

이 사례들은 한국사회의 한 단면을 극 단 적으로 드러낸

사건이다. 외국에서는 기자들이 질문을 위해 쟁탈전을 벌이다시피 하고 대학에선 활발한 토론이 일상적이고 심지어 초등학생들도 자유롭게 질문을 하는데 우리에겐 왜 이런 모습이 낯설까. 사실 교수가 강의 끄트머리에 "질문 있나?" 말하는 것은 사실은 '오늘 강의 끝'의 다른 말 아니던가.

수다를 억압하는 사회

2020년 9월 코로나 바이러스가 전 세계를 강타할 때 미국 은행 JP모건은 재택근무 중이던 직원들을 사무실로 복귀시켰다. JP모건의 이런 결정의 배경엔 "사람들은 어떻게 아이디어를 얻는가?"라는 질문이 있었다. 복잡한 금융 시스템이나 수학 모델보다 더 중요한 것은 바로 동료와의 '수다'라는 것이다. 미팅 룸 화이트보드 앞에서, 바에서 농담을 주고받으며, 다른 사람의 대화를 엿들으면서 직원들은 새로운 정보를 얻고 판단을 한다는 것이다.

그런데 우리의 수다는 의미가 꽤 다르다. 우리가 '수다를 떤다'고 할 때 어떤 느낌이 오는가. 아니나 다를까, 검색해 보니 수다란 '쓸데없이 말수가 많음' 또는 '쓸데없는 말'이란다. 반면 캠브리지, 롱맨 등 영어사전에서 수다 chat을 검색해 보면 동일하게 'a friendly, informal conversation 친근한, 격의 없는 대화'라고 한다. '수다 떨지 마'가 우리에게 더 익숙하듯 수다는 어딘가 부정적인 구석이 있어왔다.

수다를 대하는 인식이 이렇게 정반대인 것을 보면 우리 문화가 대화나 소통에 대하여 얼마나 엄격하고 억압적이었는지 쉽게 알 수 있다. 사실 허락된 장소와 시간이 아니면 '말하기'를 금지해온 것이다.

우리는 성장기 청소년 때부터 말하기를 억압하는 문화에 길들여진다. 수업시간에 질문은 아무나 하는 게 아니다. 성적이 중간 이하인 학생 중에 수업 중 질문하는 학생들이 있던가. 질문은 반장, 부반장이나 공부 잘 하는 아이들 몫이다. 하더라도 두 번 하면 안 된다. 선생님의 권위에 대한 도전이자 '수업 방해'에 해당한다. 모든 학생들에게 '수업시간 중 말하기'의 기회가 주어지는 것은 영어나 국어시간에 돌아가면서 책을 읽을 때일 것이다. 그러니까, 다수 학생들에게 말할 수 있는 기회는 선생님의 '지시'에 의해서만 가능한 것이다.

집이라고 다르지 않다. 유년기를 벗어나며 가족 간 대화가 많았던가? '놀이'조차 '학원'에서 배우던 아이들이 초등학교에 진학하면서부터 본격적으로 학원을 다닌다. 학원 역시 대화가 허락된 공간이 아니다. 집에서도 공부를 해야 한다. 성장기 가장 많이 듣는 말은 "조용히 해"이다. 부모 역시 질문을 자꾸 하면 귀찮아한다. 질문을 반복하면 "그만 좀 해," "왜 자꾸 귀찮게 그래"가 돌아온다. 학자들은 이를 아이들의 불안감 해소를 위한 노력이라고 함에도 말이다. 학교에서나 집에서나 대화는 억압당한다.

물론 역사적, 환경적 요인이 있다. 우선 군대문화다. 대한민국의 모든 남성들은 군대에서 다채로운 폭력을 경험하고 행사한다. 물리적 폭력뿐 아니라 언어적 폭력은 일상이다. 통제와 억압은 기본이고, 상명하복은 미덕이다. 문제는 이 남성들이 이후 가정에서 '병장 역할극'을 실현하는 것에서 끝나는 문제가 아니라는 점이다.

군대문화는 학교로 전이됐다. 우리나라는 학교문화가 곧 군대문화다. 통제와 억압, 그리고 상명하복의 질서를 그대로 옮겨다 놓았다. 공간마저도 군대적이다. 우리가 보는 거의 모든 학교 건물들은 그 구조가 군대 막사다. 중앙 현관과 좌우측 현관, 그리고 운동장 전면의 사열대. 무엇보다 일자형 복도는 효율적 통제의 수단이다. 단 한명의 교사가 복도 이쪽 끝에서 저쪽 끝까지 완벽하게 통제할 수 있다. 죄수들을 효과적으로 감시할 목적으로 18세기 제러미 벤담이 설계한 원형 감옥 판옵티콘 빰치는 감시체제에서 우리가 성장했던 것이다. 벤담의 원형 감옥은 결국 비효율적인 것으로 판명되어 사라졌지만 우리의 일자형 학교 막사는 지금도 끄떡없다!

또 다른 요인은 우리 모두가 자랑스러워하는 '동방예의지국'의 핵심, 바로 존댓말이다. 미국에서 대학원 다니던 시절 중국, 일본 친구들과 서로의 문화를 비교해본 적이 있다. 가부장적 남존여비, 여성의 사회진출, 공동육아 측면에서 한국이 제일 보수적이었는데 특히 계급에 따른 위계서열, 나이에 따른 존댓말은 한국이 단연 가장 엄격했다. 사실 오랜 옛날부터 나이는 권력이었다. 지금도 성인 사이에서는 오직 나이로 서로의 관계가 정리되는 경우가 흔하다.

나이를 가지고 서로의 우열을 따지는 문화는 조금 우스운 구석이 없지 않다. 예를 들어 중장년 남성들이 서로 다툴 때 언성이 높아지고 격해지다가 말싸움의 정점에 이르렀다고 생각되는 순간 튀어나오는 외침이 있다. 삿대질과 함께. "당신 몇 살이야!?"

그런데 생각해보자. 우리가 그 많고 많은 미국 영화를 봐왔지만 두 사람이 다투다가 "How old are you?"를 외치는 장면을 본 적 있는가. 재미있는 것은 우리의 경우 나이의 우열이 밝혀졌음에도 나이 적은 쪽이 이를 받아들이지 않을 때는 곧 밀치거나 멱살을 잡는 등 물리력 행사로 전환된다는 점이다. 결국 나이가 폭력의 격발 장치인 셈이다. 한국문화에서는 나이 자체가 위계를 만들 뿐 아니라 소통을 왜곡하고 폭력을 촉발한다.

하이데거는 '언어는 존재의 집'이라 했고 비트겐슈타인은 '내 언어의 한계가 내 세계의 한계'라고 규정했다. 나의 언어는 나의 존재, 내가 거주하는 세계의 울타리를 넘어갈 수 없다. 또 마르크스는 존재가 의식을 규정한다고 했다. 우리의 의식과 상상력은 우리가 존재하는 공간의 한계를 뛰어넘을 수 없는 것이다.

학교와 가정 등 한국사회의 억압적 기제들은 결국 자유로운 소통을 금기시하고 '허락받은 질문', '규정을 준수한 소통'만 가능케 했다. 그 결과는 무엇일까.

자유롭고, 다채롭고, 친근하고, 적극적이어야 할 질문, 대화, 소통에 족쇄를 채워버렸다. 결국 창의성과 상상력을 가둬버렸고 이는 우리의 자유로운 사고와 행동을 억누르고 선택을 제약한다. 특히 지금의 자본주의 소비사회에 들어서조차 우리는 때로 '획일적인 선택'을 한다. 색깔마저 억압해 자유로운 선택을 금한다. 중학생 겨울 외투조차 검은색을 강요한다. 결국 노스페이스가 '국민 교복'이 되더니 아이들은 떼를 지어 '김밥말이' 패션으로 거리를 누빈다. 아이들 옷차림이 이 정도로 흑백인 나라가 또 있을까.

결국 욕망조차 획일적이다. 모든 사람들이 더 좋은 아파트를 욕망하고, '서울 입성'을 꿈꾸고, 입맛조차 획일화되어서인지 나라가 온통 프랜차이즈 천국에 치킨집 제국이다. 언어도, 의식도, 행동도, 선택도 자유롭지 못하고 다채로울 수 없는, 금기의 사회가 아닌가.

테크놀로지 기반 매개 소통의 등장

부부가 심하게 다툰 후엔 잠시 말을 않는 법이지만 그럼에도 필요할 땐 훌륭한 전령, 즉 메신저가 있다. 바로 자녀다. 아이들을 통해 때에 따라 필요한 말들을 전한다. "아빠한테 식사하시라고 해," "아빠, 엄마가 집에 들어오시래요."

이런 메신저 활용 소통은 곳곳에 있어왔다. 교수 시절 어떤 교수들은 직접 하면 될 이야기를 내가 싫어서인지, 아니면 부담스러워서인지 조교를 통해 하는 경우를 가끔 겪었다. 조교를 통해 의견이 오니 나도 그 답을 조교를 통해 할 수밖에 없다. 이렇게 조교가 양쪽을 오가며 대화가 이어지다 보면 한편 그 조교가 불쌍해지기도 하고 또 다른 한편 "이게 뭐 하는 짓인가" 하는 생각이 들기도 한다. 분명한 것은, 이 방식을 선호하는 이들이 있다는 것이다.

그런데 이렇게 메신저를 통해 말을 전하는 '매개 소통'이 대세가 됐다. 소셜미디어와 포털, 그리고 온라인커뮤니티를 통한 소통이다. 테크놀로지에 기반한 소통이기에 조교가 불쌍해질 필요도 없고 별다른 비용이 발생하지도 않는다. 나 역시 적극적으로 활용하고 있다.

지금 사회의 거대한 트랜드로 자리 잡은 소셜미디어와 온라인커뮤니케이션은 대체할 수 없는 몇 가지 장점을 가지고 있다. 첫째는 당연히 그 편의성이다. 디지털미디어는 시간과 공간을 초월한다. 20세기에 우리는 보고 싶은 드라마나 스포츠중계를 보려면 정해진 시간, 텔레비전이 있는 장소에 가야 했다. 그러나 지금은 그 시간 밖에서 놀다가 집에 가서 케이블TV로 드라마를 봐도 되고, 버스, 지하철에서 프로야구를 볼 수 있다.

이제 소통도 마찬가지다. 아무 곳, 내가 원하는 때, 보내고 또 확인할 수 있다. 특히 일거에 단체 소통이 가능하다는 점은 과거에 없던 혁신적 기술이다. 다대다 소통은 물론 다중에게 뿌릴 수도 있다. 한 개인이 일방적으로 살포하는 것도 가능해진 것이다.

둘째는 소통의 방식이 다채로워졌다는 점이다. 취향에 따라 나의 소통 테크놀로지를 선택할 수 있다. 간편하기로는 카카오톡, 보안이 중요하면 텔레그램, 나의 생활은 페이스북, 메시지는 트위터, 취향은 블로그, 주장은 커뮤니티, 모임은 밴드, 패션은 인스타그램, 검색은 포털, 동영상은 유튜브 등 입맛에 맞게 골라 쓸 수 있다.

셋째, 소셜미디어는 우리의 외로움과 고독을 달래주는 최고의 친구다. 통계조사에 따르면 청년과 중년층 세 명 중 한 명꼴로 외로움을 느끼고 있다. 이미 영국은 외로움부 장관, 일본은 고독·고립 장관을 두고 있다. 과거 외로움을 달래는 도구로는 텔레비전이 일반적이었지만 지금은 소셜미디어가 대세다. 수동적 시청자에 머무를 수밖에 없는 텔레비전과 달리 소셜미디어는 자신이 뭔가에 '참여'하고 있다는 느낌을 불러일으킨다.

넷째, 소셜미디어가 선사하는 최고의 혜택 중 하나는 바로 우리에게 소속감을 준다는 것이다. 결국 소셜미디어는 심심함을 물리적으로 해소해줄 뿐 아니라 군중 속 외로움에 빠져 있는 현대인들에게 공동체의 일원이라는 소속감마저 부여하는, 나의 존재감에 없어서는 안 될 동반자로 자리 잡은 것이다.

마지막 소셜미디어의 강점 역시 특별하다. 매개 소통 테크놀로지인 소셜미디어는 대면 소통의 귀찮음이나 불편함을 덜어줄 뿐 아니라 때로 그 부담감마저 없애준다. 이제 전화보다 카카오톡을 더 선호하는 이유다. 사실 더 뻔뻔해질 수도 있다. 코로나 시국이 그 계기가 되긴 했지만 축의금, 부의금을 온라인 송금할 뿐 아니라 청첩이나 부고를 온라인으로 뿌릴 수도 있다. 심지어 연인 사이 이별 통보조차 카톡 문자에 실어 날리기도 한다. 기계를 통해 대화하니 불편함이 사라진다.

트렌드인가 변종인가

아마존, 구글, 페이스북, 네이버, 카카오 등 플랫폼기업이 시장을 지배하게 된 이후 제품 자체의 가치보다 '연결망과 연계됐을 때의 제품의 가치'가 더 중요해졌다. 연결망에서 분리된 제품은 이미 죽은 제품이다. 개인도 마찬가지이다. 연결망에서 제외되면 그 존재는 희미해진다. 아이들이 가장 두려워하는 게 바로 스마트폰을 뺏기는 것이다. 어쩌면 지금 사회는 '소통'보다도 '연결'이 더 중요한 사회가 됐다.

그래서인가, '초연결사회 Hyper-Connected Society '가 도래했다지만 직접, 쌍방향 소통보다는 특정 모임이나 군집 속 공지나 광고가 더 많아지는 듯하다. 공지는 소통이 아니다. 특히 직접 대화나 전화와는 달리 소셜미디어 앞에서는 뻔뻔해져서인지 일단 던져놓고 보는 일방적 메시지도 많이 접한다. 이러한 '아님 말고' 식의 소통술은 소통의 인스턴트화, 캐주얼화라 이해할 수도 있겠으나 근본적으로 인간 간 신뢰를 저해한다. 소통을 대화보다는 공지나 통보 수준으로 몰고 가는, 일종의 '변종 소통'의 등장이다. 이제 인간 사이의 인간다운 소통은 부차적인 것이 되어 가는 것이다.

온라인 세상의 문이 열리자 한때 많은 학자들이 '온라인 공론장'이 등장했다면서 이것이 우리에게 미디어 민주주의를 선사할 것이라고 예언했다. 이것도 착각이었던 것 같다. 해결이 난망한 문젯거리, 고민거리만 안겨준 듯하다.

의견 형성의 극단화, 확증 편향의 강화 등 소셜미디어가 초래한 문제점에 더해 가장 큰 염려는 인격 모독을 넘어 인격 살인에 가까운 온라인 글쓰기다. 쉽게 말해 '악플'이다. 조사에 따르면 한국은 4대 1의 압도적 비율로 악플이 많다고 한다. 외국은? 일본은 1대 4, 네덜란드는 1 대 9 비율이다. 미국의 인터넷 기사나 유튜브 등 소셜미디어 댓글을 살펴봐도 악플은 거의 찾을 수 없다. 도대체 무엇이 우리의 온라인세상을 이렇게 살벌하게 만들었을까. 학자들은 낮은 자존감과 인정받으려는 욕구라고 설명한다. 바뀔 여지는 없는 것일까.

가장 큰 걱정은 아이들이다. 젊고 바쁜 부모들은 아이들에게 스마트폰을 쥐여준다. 아이들은 두 시간, 세 시간 스마트폰에 빠지게 되고 여기에 익숙해지는 아이들이 생긴다. 전문가들은 이를 한마디로 정신병이라 한다. 그래서 유아기에 언어장애를 얻는 아이들도 있다.

침대에 누워 스마트폰 앱으로 주문하면 다음 날 아침 현관 앞에 상품이 앉아있는 세상을 살고 있다. 인터넷 최강국 한국은 극한의 효율성을 더욱 극한으로 밀어 올리고 있다. 우리는 '공룡 포털'과 '거대 통신사'의 손바닥 안에서 대화하고, 소비하며 자신의 정체성을 확인한다. 변종 소통, 가상 소통이 우리의 일상이 되었다. 새로운 트렌드는 받아들여야 할 것이겠지만 정말 그대로 받아들이면 되는 것일까. 어린 시절 학교라는 감시체제에서 커온 우리가 지금은 온라인 감시체제에 살면서, 함께 즐거워하고 또 함께 미워하며 살고 있는 것은 아닌가.

'초연결사회 Hyper-Connected Society'가 도래했다지만
직접, 쌍방향 소통보다는
특정 모임이나 군집 속 공지나 광고가
더 많아지는 듯하다. 공지는 소통이 아니다.
특히 직접 대화나 전화와는 달리
소셜미디어 앞에서는 뻔뻔해져서인지
일단 던져놓고 보는 일방적 메시지도 많이 접한다.
이러한 '아님 말고' 식의 소통술은
소통의 인스턴트화, 캐주얼화라 이해할 수도
있겠으나 근본적으로 인간 간 신뢰를 저해한다.
소통을 대화보다는 공지나 통보 수준으로
몰고 가는, 일종의 '변종 소통'의 등장이다.
이제 인간 사이의 인간다운 소통은
부차적인 것이 되어 가는 것이다.

황규관

시인. 전주 출생. 전태일문학상을 받으며 작품 활동을 시작했다. 시집으로 『패배는 나의 힘』 『태풍을 기다리는 시간』 『정오가 온다』 『이번 차는 그냥 보내자』 등이 있고 산문집 『강을 버린 세계에서 살아가기』 『문학이 필요한 시절』과 김수영을 읽고 쓴 『리얼리스트 김수영』이 있다. 제22회 백석문학상을 수상했다.

자신과의 대화로서의 소통

1

플라톤의 대화편은 그 당시 하나의 문학 양식이었다고 한다. 플라톤 자신이 문학에서 철학으로 '전향'한 사람이어서 그런지 아니면 철학적 글쓰기에 대한 양식이 정립되기 전이어서인지는 잘 모르겠지만, 그의 대화편은 플라톤 자신의 철학은 물론 역사적 소크라테스의 일면을 남기는 성과를 거두었다. 플라톤의 시인에 대한 적대적 입장은 널리 알려진 사실인데, 여기에는 현실적인 이유도 있었다. 호메로스가 차지하는 압도적인 영향 아래서 소피스트들이 교육 과정의 일부로 시인들을 이용했고 소피스트들과의 지적 투쟁 가운데서 시인에 대한 의도적인 탄핵 가능성도 없지 않았을 것이다. 무엇보다도 시를 초자연적 신들림이라든가 신탁에 대한 답을 들려주는 것처럼 행세하는 당시의 시인들에게서, 플라톤은 요즘 말로 반지성을 봤을 수도 있다. 뮈토스 Mythos 에서 로고스 Logos 로 넘어가던 에피스테메 Episteme 의 전환기에 플라톤은 그것에 충실하면서 동시에 주도했다고 말할 수도 있을 것이다. 이는 시가 로고스의 역할까지 감당했던 시대에, 시에서 로고스를 떼어 내어 철학이 전유하려는 사건이 었는데 한편으로 시가 가진 도덕적·정신적 영향력으로는 민주주의가 쇠퇴해 가면서 보이는 아테네의 혼란을 수습하지 못할 것이라는 정치적 판단이 플라톤에게 있었다면 그것은 그것대로 생각해볼 만한 문제이다.

'정치시' 이후 '미투 운동'을 거치면서 시에게 가해졌던 '정치적 올바름'의 압력이 다소 완화된 지금 시기에 시와 현실의 문제에 대한 숙려가 더욱 필요한데, 이는 눈앞의 문제를 해결해야 한다는 강박에서 얼마간 자유로운 상황이 도리어 적기이기 때문이다. 이는 시의 책무가 문제 해결에 있지 않음을 반증하는 것일 수도 있다. 시가 더 이상 신탁에 대한 대답이 아니라면 문제 해결에 대한 능력은 신화의 시대 이후 사라졌다고 보는 게 맞을 것이다. 그렇다고 플라톤처럼 시에서 로고스를 떼어 내어 철학이 전유하게 하는 게 옳은지 따져보는 것은 별개의 일이다. 낭만주의 문학 이후 사실주의와 또 그것에 대한 반항으로 모더니즘 문학이 등장하면서, 문학은 점점 분업화의 길을 걸었던 역사는 플라톤 시대의 반복은 아니지만 모종의 유사성을 갖는다. 하지만 모더니즘 시대는 자본주의 경제체제에서 노동의 분업화가 확실하게 자리 잡은 역사적 시기였음도 아울러 주목해야 한다.

혁명의 시대에 낭만주의 문학이, 그리고 부르주아의 시대에 사실주의 문학이 탄생한 것과 마찬가지로 자본주의가 절정으로 달려가던 시대의 복판에서 모더니즘 문학이 주도적 흐름이 된 것은 우리가 역사에서 확인한 바 그대로이며, 심지어 남한의 역사에서도 되풀이된 현상이기도 하다. 그렇다면 현재 우리가 만들어내고 있는 문학은 문학사의 어느 자리에 위치해 있을까? 나는 이에 대한 답을 영민한 비평가들이나 훗날의 문학사가들에게 맡기고자 한다. 다만 '지금 여기'의 문학에서, 특히 시에서 발견되는 몇 가지 특징을 염두에 두며 그 특징들의 현실적 배경이 무엇인지 더듬어 보는 것으로 면책을 꾀하고자 한다. 문학적 흐름의 정리 및 조사는 문학 연구자들의 몫이지만 우리가 접하고 있는 작품을 가능케 한 배경에 대한 탐색은 지금 당장의 공부 거리이기도 하다.

올해, 그러니까 2022년 문학장에는 몇 가지 이채로운 장면들이 있었다. 먼저 여성 농민 작가 정성숙이 쓴 첫 단편집 『호미』 삶창 가 소설 부문 신동엽문학상을 받은 사실, 그리고 김명기 시인의 『돌아갈 곳 없는 사람처럼 서 있었다』 걷는사람 가 고산문학대상과 만해문학상을, 문동만 시인의 『설운 일 덜 생각하고』 아시아 가 이육사시문학상을 수상한 일이다. 세 사람의 공통점은 자기 자리에서 꾸준히 작품을 써 왔다는 것일 게다. 정성숙은 거의 완벽한 ? 무명임에 비해 김명기와 문동만은 약간의 문학적 소출이 있었다. 이 현상이 우리 문학에 얼마나 깊은 사건이 되는지에 대해서는 자신 있게 말할 처지는 아니고, 또 주요 문학상 수상이 문학의 본질 문제에 얼마나 닿아 있는가 하는 의문도 가질 수 있다. 그럼에도 불구하고, 최근의 한국 시가 처한 어떤 지리멸렬 상태 중에서 나타난 현상이기에 이 물결이 어디까지 퍼질 수 있는지에 대한 관심은 자연스러운 것이며, 아울러 얼마나 깊이를 가진 현상인지 생각해보는 것도 과연 적절한 일이다. 이 모든 것을 여기서 다 다룰 수 있는지는 자신할 수 없으나 우회로를 택해서라도 우리가 서 있는 자리를 다질 수 있다면 그것도 나름 가치 있는 시도일 것이다. 문제는 지리멸렬 상태에 대한 부족한 증거일 테고 만일 이 직관적인 판단마저 터무니없는 것이라면 이 글의 운명 또한 빤하다 하겠다. 그만큼 이 글은 자의적일 수 있다는 뜻인데, 까짓것, 때로는 도약대 없는 도약이 허공에 생기로운 선線을 남길 수도 있지 않을까!

2

앞에서 아주 간략하게 시대적 특징과 문학의 주도적 흐름의 관계를 짚었지만, '주도적'이라는 말에는 차이를 뭉뚱그려 버리는 폐단이 있음은 물론이다. 자본주의라고 하더라도 초기의 산업자본주의와 20세기 초의 제국주의 시대, 그리고 그 연속으로서의 신냉전과 20세기 중후반은 그 성격에 차이가 있다. 그래도 여기까지는 어쨌든 산업자본주의 시대라는 큰 틀에서 말할 수 있음직하다. 하지만 이 산업자본주의의 성장 속에서 과학기술의 첨단화, 즉 테크놀로지 시대는 배태되고 있었다. 마르크스는 자본주의가 성장할수록 총자본의 이윤량은 늘어나도 개별 자본의 이윤율은 전반적으로 하락할 것으로 예상했는데, 그것은 자본주의가 자본가들 사이의 살인적인 경쟁도 촉진하기 때문이다. 그럼으로써 중소자본의 몰락과 대자본으로의 편입은 계속될 것이라고 봤다. 중소자본의 몰락과 대자본의 거대화는 자본의 유기적 구성에 변화를 가져온다. 토지, 생산시설, 생산원료, 사회간접자본 같은 불변자본은 증가하고 노동력 같은 가변자본은 감소하는 경향 말이다.

산업자본주의에서 테크놀로지자본주의로의 전환은 이러한 자본의 성격 변화에 기인하는 바가 큰 것으로 보인다. 서구자본주의가 20세기에 성장할 수 있었던 절대적인 이유는 바로 식민지 지배 때문이었는데, 자본주의 체제는 기본적으로 수탈을 통해 다져진 착취 구조에 기반한다. 마르크스가 시초축적의 역사에서 획기적인 것은 "폭력적으로 그들의 생존수단에서 분리되어 무일푼의 자유롭고 '의지할 곳 없는' 프롤레타리아들로 노동시장에 투입되는 순간이었다" 『자본 1』, 26장 '시초축적의 비밀' 고 말할 때, 수탈이 착취를 위한 전 단계임을 예리하게 지적한 것이다. 즉 수탈 없이는 착취 구조가 불가능하다는 점, 그리고 수탈과 착취는 노예의 탄생과 지속의 기반이라는 변별점을 갖는다는 사실을 부연해두고자 한다. 양차 세계대전을 통해 세계의 패권이 미국으로 넘어간 것도 유럽 각국의 식민지가 독립해가는 과정과 전혀 상관없지 않을 것이다. 식민지를 수탈하던 관성을 더 지탱하지 못하자 유럽의 자본주의는 점점 미국 의존적이 되어 갈 수밖에 없었다. 최근의 사태인 우크라이나 전쟁은 일종의 자기 폭로 아닐까?

하지만 불변자본이 증가한다고 해서 자본의 이윤도 자동적으로 증가하는 것은 아니다. 마르크스가 분석한 이윤의 원천은 잘 알려졌다시피 바로 노동력, 노동력의 착취였다. 사실 불변자본 자체도 별 색다른 것이 아니라 '죽은 노동'에 다름 아니다. 거기에도 노동력이 투여되었기 때문에 '죽은 노동'으로서의 불변자본이 탄생한 것이다. 앞에서 말했듯이 서구 자본주의의 고도성장은 식민지의 수탈을 통해서 값싸게 가져온 천연자원과 식민지 민중의 노동력 때문이었음은 알려진 사실이다. 그런데 20세기 들어 노동운동의 성장과 복지 체계의 확대로 산업자본의 위기가 찾아왔고 그것의 돌파구가 우리가 알고 있는 신자유주의, 즉 금융자본주의이다. 금융자본주의는 한편으로는 부채를 통해 미래를 수탈하는 시스템이면서, 인류가 마지막까지 공공재로 가지고 있던 것들의 전면적인 교환가치로의 전환 시스템이다. 인류가 과거로부터 물려받은 많은 물질적, 정신적, 정서적 유산들은 지금 돈을 내지 않으면 향유하지 못하거나 재사용할 수 없다.

나아가 금융자본의 손실을 막아주기 위해 국가 기반 시설을 싼값에 금융자본에게 매각했던 기억을 우리도 가지고 있는데, 정치와 금융자본의 카르텔은 민주주의의 질적인 후퇴를 가져왔다. 정치가 자본을 통제하지 못하는 사태가 일반화된 것이다. 즉 대다수의 나라에서 민주주의를 후퇴시키고 실질적인 과두정을 불러들인 것은 신자유주의, 금융자본주의였음이 점점 확연해지고 있다.

금융자본의 팽창과 테크놀로지 산업의 급성장이 모종의 관계를 맺고 있는 것은 자명해 보인다. 먼저, 금융자본의 부도덕적 행태가 테크놀로지 산업에 크게 힘입고 있는 것도 사실이고, 금융자본이 본격적으로 활개를 치기 시작한 때가 인터넷의 발달과 불가분 연관되어 있음은 너무도 명료하다. 문제는 이 두 분야의 상호 되먹임이 만들어내는 어떤 환영일 것이다. 이제 누구도 페이스북 소스 코드를 다 알 수가 없을 정도라는데, 이는 테크놀로지 산업이 앞으로 일으킬 문제가 무엇일지 그 통제 장치를 잃었다는 방증으로 읽어도 무방하다. 인간의 정서는 주어진 유무형의 값들에 의해 변화하는 카오스에 비유해도 크게 틀린 말은 아닐 텐데, 지금 우리는 몸으로 직접 만나는 구체적 사물과 사건들이 아니라 테크놀로지 산업이 해석하고 편집하는 정보와 정념들에 휘둘리고 있다고 해도 과언이 아니다. 문제는 페이스북 소스 코드처럼 실제 우리 현실의 소스 코드 금융시스템 도 통제 불가능한 것은 아닌가 하는 점이다. 대의제 민주주의가 이처럼 작동불능 상태로 빠진 것은 정치와 금융자본의 결탁 때문이지만, 이제는 그 대가로 대의제 민주주의 자체가 위험에 빠져 버렸으며, 공화정의 전통마저 흔들리고 있는 형국이다. 그리고 이런 현상의 첨병에 테크놀로지가 있다.

이반 일리치가 전해 주는 어릴 적 에피소드에 다음과 같은 게 있다. 오스트리아의 빈에서 태어난 일리치는 태어난 지 한 달 뒤에 크로아티아의 브라츠 섬으로 보내지는데, 거기에는 일리츠의 할아버지가 살고 있었다. 그런데 언제인가 할아버지가 사는 마을에 확성기가 들어오게 되자 남자든 여자든 모두 고만고만하게 말하던 사람들의 목소리가 커지기 시작했고, "그날부터 마이크를 누가 잡느냐에 따라 누구의 목소리가 확성되는지가 결정"『과거의 거울에 비추어』, 「빠앗긴 공용, 들판과 고요」 됐다. 이를 일러 일리치는 '정적 靜寂 이라는 공용 commons 의 파괴'라고 불렀다.

작은 확성기로 인해 달라진 마을 사람들의 목소리에 지나치게 예민한 일리치를 타박하는 것은 이 에피소드의 진의를 제대로 파악하지 못하는 것이다. 정적이라는 공용이 파괴된 것은 직접적으로 마을 사람들의 목소리의 변화와 마이크에 대한 욕망 때문이지만, 그것을 부추기고 강제했던 조건은 바로 확성기라는 도구이다. 인간은 사용하는 도구에 따라

내면의 변화가 찾아오는 동물이다. 어쩌면 이게 생명의 기본 속성인지도 모르겠는데, 변한 환경에 적응하지 않으면 곤란한 일이 벌어지기 때문이다. 심지어 생존 자체를 위협받을 수도 있다. 인간 사회의 규범이라는 것은 이렇게 현실적 조건에 의해 변해가는 것이고, 그래서 규범이나 도덕은 초월적인 것이 아니라 역사적이고 문화적인 현상에 가깝다. 하지만 흐르는 강물이 그렇듯이 수면의 흐름과 강바닥의 흐름에 차이가 있는 것처럼 인간이나 그가 속한 공동체의 변화도 급류가 아닌 부분이 있기 마련이고 또 있어야 한다. 그리고 변화라고 하는 것도 자연적, 우주적 변화가 아니라 파괴적인 변화라면 일단 멈춰 세워야 하는 게 옳다.

우리 시사詩史에서 난해시의 문제는 언제나 있어 왔다. 얼마 전부터인가는 그게 '소통'의 문제로 회자되고 있는 중인데, 소통의 도구가 이렇게 많은 현실에서 참으로 아이러니한 현상이 아닐 수 없다. 단적으로 말하면, 소통은 지나치게 많고 또 활발하다. 어쨌든 문맹이 있는 것도 아니고, 텔레비전과 휴대폰은 집집마다 개인마다 다 구비되어 있으니 소통에 필요한 물적 기반은 유례가 없이 풍족하다 할 것이다. 그런데 소통이 안 되는 시가 넘쳐난다는 아우성이 들린다면 그게 도대체 무슨 현상인지 관심을 가질 만하다. 이른바 소통이 안 되는 시, 즉 난해한 시들은 어떻게 만들어진 것이고 왜 특정 세대의 시에서 불통의 의지를 느끼는 것일까. 이 문제에 대해서, 문외한이어서 그럴 테지만, 심도 있고 본격적인 논의가 있어 본 적도 없기도 하지만 이것은 '논의'로 해결될 문제도 아닌 것 같다. 나는 도리어 우리가 사는 풍요의 시대 자체가 소통을 염두에 두지 않는 시를 쓰게 하는 현실적 배경이라고 짐작된다. 즉 시가 세계에 대한 종합적인 인식에서 어떤 무능을 드러낼 때, 시의 언어 또한 시인 자신의 쇄말적인 경험에 기대게 된다. 그리고 시는 독자가 다 이해하지 못해도 된다는 '근대 시인' 특유의 에고이즘도 거들었을 것이다. 이와 반대로 기존 서정시의 상투성에 대한 차별화 전략도 개입하지 않았나 생각된다. 시는 이해하는 게 아니라는 말은, 적은 일부는 맞고 많은 일부는 동의할 수 없는 주장이다. 그것은 일종의 자기 알리바이에 가깝다. 불통의 시에서 어쩔 수 없이 느끼는 것은 파편화된 언어이며, 파편화된 언어는 파편화된 인식의 소산이고 그 파편화는 자본주의의 극단인 금융자본과 테크놀로지가 만들어낸 인식의 협애화에 해당된다. 그런데 이는 시인들만의 문제가 아니다. 속도와 주기의 단축이 우리에게 끼친 영향에 대해서는 누군가 꼭 다뤄야 할 철학적인 문제다.

모두에서 플라톤의 대화편을 다소 무리하게 끌어들인 것은, 문학이 기본적으로 대화 장르가 아닌가 하는 말을 하고 싶어서였다. 소셜미디어나 매스미디어를 통하지 않은 육성의 대화. 이게 과연 가능한 세상이냐고 반문하는 것은 별 의미가 없다. 이 대화는 자기 자신과의 대화도 포함하기 때문이다. 부러 못 알아듣게 쓰는 것도 시인에게 허용된 작은 특권이기는 하지만, 그 시적 췌언이나 요설도 표현의 범위와 깊이를 더하게 하는 데 이바지해야 하는 것이다. 그렇지 않으면 어떤 방종에 빠지게 만들 터인데, 이 방종의 명함에는 '새로움'이 언제나 박혀 있다. 하지만 그 '새로움'도 오래되면 진부해지는 것은 자명한 이치이고 나중에는 '새로움' 물신주의가 없으라는 법 없다. 그리고 이 '새로움' 물신주의는 자본주의의 무의식이기도 하다.

언어에 대한 하이데거의 언설은 차고 넘치지만 다음과 같은 말도 깊이 생각할 가치가 있다. "인간은 마치 그 자신이 언어의 형성자이자 지배자인 척 거드름을 피우나, 언어는 여전히 인간의 주인으로 남아 있다. … 우리가 말함의 신중함에 머무는 것은 좋지만, 언어가 단지 표현의 수단으로서만 우리에게 봉사하고 있는 동안에는, 그것은 아무런 소용도 없다. 우리 인간들이 우리 자신에 의해 함께 더불어 말함의 행위 속으로 가져올 수 있도록 가져올 수 있는 모든 건네진 말들 가운데 언어야말로 최상의 것이자 어디에서나 최초의 것이다."「건축함 거주함 사유함」, 강조—원문 언어에 대한 하이데거의 이 말을, 우리 주위에 밤낮없이 떠도는 언어는 우리의 그릇된 지배 의식을 나타내는 것이라고 뒤집어 읽어도 무방할 터이다. 우리가 언어를 생산한다고 믿고 있지만 어쩌면 우리는 언어의 선택을 받고 있는지도 모른다. 만일 그렇다면 그 언어는 어디에서 오는 것일까? 만일 언어 또한 '공용'이라면 언어에 대한 지배 의식이 우리를 소통 속의 불통 상태에 빠뜨리는지도 모른다.

마이크를 들자 커져 버린 목소리처럼 테크놀로지가 양산한 정보와 다름없는 언어 또한 "우리가 언어의 형성자이자 지배자인 척 거드름"을 피운 그간 역사의 결과일 것이다. 기성 서정시의 경우, 규범이나 도덕이 역사적이고 문화적인 것이라는 진실을 도외시한 채 낡은 규범과 정서를 강조하면서 언어의 경직화에 보탬을 주고 있는 것은 아닐까? 어떻게 보면, 둘 다 대화를 잃어버린 언어들이다. 우리가 쓰는 언어라는 것이 진리의 사태에 동참하는 것이 아니라 테크놀로지의 언어를 포집해 사용하고 있는 것이라면 우리가 돌아가야 할 길은 나온 셈이다. 인공지능 프로그램이나 고성능 디지털카메라에 기대려는 문학적 시도들에 맞서 자기 자신과의 대화를 회복하는 것이다. 이것은 개인 수양의 문제가 아니라 파편화에 맞선 생태주의적 시도이기도 하고 우리가 살고 있는 현실을 넘어서는 실천의 일보이기도 하다.

우리에게 부족한 것은 자기 자신과의 대화이다.

우리가 쓰는 언어라는 것이

진리의 사태에 동참하는 것이 아니라

테크놀로지의 언어를 포집해

사용하고 있는 것이라면

우리가 돌아가야 할 길은 나온 셈이다.

인공지능 프로그램이나 고성능 디지털카메라에

기대려는 문학적 시도들에 맞서

자기 자신과의 대화를 회복하는 것이다.

이것은 개인 수양의 문제가 아니라

파편화에 맞선 생태주의적 시도이기도 하고

우리가 살고 있는 현실을 넘어서는

실천의 일보이기도 하다.

우리에게 부족한 것은

자기 자신과의 대화이다.

김형곤

동명대 미디어커뮤니케이션학과 교수이다. 지역문화잡지 『안녕 광안리』 편집위원, 『다리 너머 영도』 편집주간을 역임했으며, 부산울산경남언론학회 회장을 맡기도 했다. 『신세대론』 『여성 지역 문화』 『미디어와 문화』 등의 책을 냈으며, 『이매진』 등 여러 문화 관련 잡지에 문화비평 글을 기고하기도 했다.

커뮤니케이션이란 무엇인가?

커뮤니케이션이란 무엇인가?

나의 전공은 커뮤니케이션이다. 대학 다닐 때부터 지금까지 줄곧 커뮤니케이션에 대한 공부를 해왔다. 무려 40년 가까운 시간 동안 커뮤니케이션 공부를 한 셈이다. 이쯤 되면 커뮤니케이션의 달인이란 소리를 들어야 할 것인데, 나는 아직도 커뮤니케이션이 어렵다. 살아오면서 가장 오랜 시간을 함께 보낸 가족과의 커뮤니케이션도 잘 안 되는 경우가 허다하다. 아내와 이야기를 하다 보면 같은 이야기를 하는데도 전혀 다른 생각을 하고 있을 때가 있다. 주로 아내가 말하는 의도를 알아채지 못해서이다. 이런 날에는 집에서 맛있는 밥을 먹기가 어렵다.

왜 이렇게 커뮤니케이션은 어려운 것일까? 커뮤니케이션은 혼자서 하는 것이 아니라서 어려운 것 같다. 상대를 전제로 하는 행동이기에 어렵게 느껴지는 것이다. 가령 테니스를 생각해 보면, 혼자서 벽에다 대고 공을 칠 때는 어렵지 않게 치다가도 상대가 있는 게임을 할 때는 어렵게 느껴지는 경우가 많다. 상대가 어떤 반응을 보일지를 예측하기 어렵기 때문일 것이다. 다른 사람과 소통해야 하는 커뮤니케이션 행위도 마찬가지이다. 내가 어떤 의도를 가지고 말을 하더라도 상대가 그 의도를 알아채는지, 그 의도에 대해서 어떻게 반응할지를 예측하기가 어려운 것이다. 열 길 물 속은 알아도 한 길 사람 속은 알기 어려운 법이다.

커뮤니케이션을 우리말로 번역하면 '의사소통' 정도가 될 수 있겠지만, 이렇게 번역해서 사용하는 경우는 많지 않다. 예전에 우리나라에서는 커뮤니케이션 전공학과를 신문방송학과로 불렀다. 의사소통학과로 하면 어색한 느낌이 들어서 신문과 방송이라는 지배적인 미디어의 이름을 학과 명칭에 붙인 것이다. 지금은 신문과 방송이 더 이상 지배적인 미디어가 되고 있지 않기 때문에 학과의 명칭도 바뀌는 추세이다. 현재 대부분의 대학에서는 미디어커뮤니케이션학과라는 명칭을 사용하고 있다.

영어의 커뮤니케이션 communication 은 원래 '공통' 또는 '공유'라는 뜻을 지닌 라틴어의 'communis'라는 단어를 그 어원으로 하고 있다. 따라서 커뮤니케이션을 어원에 비추어서 정의해 본다면, 하나 또는 하나 이상의 생물체가 다른 생물체와 지식, 정보, 의견, 신념, 감정 등을 공유 또는 공통화하는 행동이라고 할 수 있다. 커뮤니케이션을 생물체의 행동이라고 정의한 것은 인간이 아닌 동물들도 단순하게나마 서로 커뮤니케이션을 하는 경우가 있기 때문이다. 커뮤니케이션의 어원에서 알 수 있는 것처럼, 커뮤니케이션은 결코 혼자 하는 것이 아니며, 누군가와 나누는 것임을 알 수 있다. 혼자 할 수 없기에 커뮤니케이션은 어려운 것이고, 타인의 행동을 예측할 수 없기에 어려운 것이다.

커뮤니케이션은 과정이다

대학에 들어가서 커뮤니케이션학을 처음 공부하던 시절, 귀가 따갑도록 자주 들었던 이야기 중 하나는 커뮤니케이션은 '과정'이라는 것이다. 과정으로서 커뮤니케이션을 배울 때 가장 많이 언급되는 것이 S Source -M Message -C Channel -R Receiver -E Effect 모델이다. 이것은 커뮤니케이션 과정의 시작점이라고 할 수 있는 송신자 Source가 메시지 Message를 만들어서 미디어 Channel을 거쳐 수신자 Receiver에게 전달하고 의도한 효과 Effect를 일으키는 일련의 흐름을 표현한 것이다. 이것은 미국의 정치학자이면서 커뮤니케이션 연구자였던 해럴드 라스웰 Harold Lasswell의 다음과 같은 질문에 기반해서 만들어진 것이다. "누가 무엇을 어떤 채널을 통해 누구에게 어떤 효과를 내면서 말하는가? Who says what, in which channel, to who, with what effect?"

인간이 행하고 있는 커뮤니케이션 행위는 정지된 하나

의 행위가 아니라, 시간의 경과와 더불어 진행되며 나와 상대방이 상호 연결되는 일련의 과정이다. 가령 좋아하는 이가 있어서 그 마음을 고백하고 상대방의 호의적인 반응을 얻고자 하는 사람이 있을 때, 그 사람은 송신자가 되어서 어떻게 커뮤니케이션을 해야 할지를 고민하게 될 것이다. 커뮤니케이션 과정을 하나하나 짚어가며 어떻게 하면 자신의 의도가 잘 전달되어서 원했던 효과를 얻을 수 있을 것인지를 생각할 것이다. 우선 어떤 단어를 사용해서 메시지를 만들 것인가를 고민하게 될 것이다. 그리고 그 이야기를 전화를 통해서 말할지, 문자나 메일로 전달해야 할지, 직접 만나서 이야기해야 할지도 고민하게 된다. 직접 만나서 이야기한다면 어떤 곳에서 말을 해야 할지도 고민이 된다.

많은 것을 고민해서 좋아하는 사람에게 자신의 메시지를 전달했을 때, 어떤 효과가 나타났는지를 알기 위해서는 피드백 과정이 필요하다. 그리고 그 피드백에 의해 다시 새로운 커뮤니케이션 과정이 시작되기도 한다. 사람들 사이의 일상적인 커뮤니케이션은 계속적인 피드백이 오고가는 순환의 과정을 거친다고 할 수 있다. 그렇지만 서로 딴 이야기만 늘어놓는 잘못된 커뮤니케이션 상황에서는 커뮤니케이션 과정이 계속 순환되기 어렵다. 송신자와 수신자가 서로 다른 생각을 하고 있고, 다른 마음을 품고 있는 경우에는 커뮤니케이션이 계속 진행되기 어려운 법이다. 커뮤니케이션을 행하는 환경이 좋지 않은 경우에도 커뮤니케이션이 계속 진행되기 어렵다. 노이즈 noise 가 생겨서 메시지가 제대로 전달되지 않기 때문이다. 과정으로서 커뮤니케이션은 과정 내에 존재하는 여러 요소들의 영향을 받기 때문에, 처음에 커뮤니케이션을 시도했던 사람의 의도가 다른 누군가에게 전달되었을 때는 전혀 다른 의미로 해석될 수 있다. 그래서 좋아하는 사람에게 자기 마음을 고백하는 것은 의도와 달리 번번이 빗나가버리는 경우가 많은 것이다. 그렇기에 커뮤니케이션은 어렵다.

커뮤니케이션은 코드의 영향을 받는다

사람은 모두 다르다. 생긴 모습이 모두 달라서 외양을 보고 그 사람이 누구인지를 알 수 있다. 사람의 외양만큼이나 속마음도 모두 다르다. 그런데 사람의 속마음은 쉽사리 알기가 힘들어서 그 차이가 어느 정도인지를 짐작하기가 어렵다. 커뮤니케이션이 어렵다는 것은 바로 이러한 사람의 속마음의 차이에서 비롯된 것일 가능성이 크다. 자식을 키워보면 알 것이다. 나의 유전자를 물려받고 같은 집에서 오랜 시간을 함께 보낸 자식이 나와 같은 마음을 가지고 있을 거라 생각하지만, 그렇지 않은 경우가 많다는 것을 … 그래서 부모와 자식 간의 대화는 어렵고, 그들 사이의 갈등이 여기에서 비롯된 것이라고 할 수 있다. 부모와 자식 간의 관계도 이러한데, 그 범위를 벗어난 타인들은 사고하고 인식하는 체계가 크게 다른 경우가 많아 의사소통이 원활하게 진행되기 어려울 것이다.

사람마다 사고하고 인식하는 것이 왜 다른 것일까? 영국의 문화연구자인 스튜어트 홀 Stuart Hall 은 그의 논문 「인코딩/디코딩 Encoding/Decoding 」에서 동일한 텔레비전 프로그램을 보고 사람들이 제각각 다르게 해석하는 이유를 제시했다. 첫 번째 원인은 사람들 각각의 '기술적 인프라 technical infrastructure '이다. 이는 한 사회 속에서 개인 존재의 기반을 이루는 사회적 특성 인종, 성별, 종교, 가문 등 을 뜻한다. 두 번째 원인은 '물적 생산양식 mode of production '이다. 이는 개인의 경제적 존재양식을 뜻한다. 세 번째 원인은 '개인의 지식체계 framework of knowledge '이다. 이는 개인의 기술적 인프라와 경제적 토대에 기반을 둔 사고, 인지, 지식의 체계를 포괄적으로 의미하는 개념이다. 결국 스튜어트 홀은 이러한 세 가지 원인이 필터 역할을 하기 때문에 사람들이 같은 메시지를 접하고도 서로 판이하게 다른 방식으로 반응하게 된다고 주장한다.

이렇듯 사람들이 생각하고 느끼는 방식은 모두 다르다. 커뮤니케이션 연구에서 코드는 메시지를 작성하고, 메시지를 해석할 때 작용하는 약속이라고 정의하고 있다. 송신자와 수신자가 이 약속을 서로 이해하고 공유하고 있다면 커뮤니케이션이 원활하게 이루어질 수 있을 것이다. 한 예로 군대 암호를 생각해 볼 수 있다. 서로 아군인 것을 알기 위해 이쪽에서 '누구야' 하면, 저쪽에서 '고구마' 하고 답하기로 약속했다고 한다면, 하나의 코드가 성립된 것이다. 이 코드를 공유하는 사람들끼리의 커뮤니케이션에는 아무런 문제가 없을 것이다. 그러나 불행하게도 일상을 살아가는 대부분의 사람들은 살아온 환경과 문화적 경험들이 제각각 달라서 서로 다른 코드를 가지고 있다. 대부분의 사람들은 서로 다른 코드의 영향으로 인해 동일한 정보를 전혀 다른 방향으로 인식하게 된다.

커뮤니케이션은 나와 다른 타인의 존재를 인정해야 가능하다

사람들마다 각기 다른 코드를 가지고 있으면, 사람들 사이의 커뮤니케이션은 불가능한 것일까? 그렇지 않다. 우리 주변에서는 코드가 다름에도 불구하고 훌륭하게 타인과의 커뮤니케이션을 잘 해내는 사람들을 볼 수 있다. 대체로 이런 사람들이 우리 사회에서 성공할 확률이 높다. 사람들의 생각과 인식이 서로 다른 것은 커뮤니케이션을 어렵게 하는 원인이 되지만, 커뮤니케이션을 불가능하게 하는 것은 아니다. 오히려 서로 다른 사람들이 커뮤니케이션을 하게 되면 더 창의적인 결과를 내놓을 수도 있다. 행복한 부부 생활을 하는 사람 중에는 전혀 다른 성격을 지닌 사람이 만난 경우가 많다.

그렇다면 서로 다른 코드를 가진 사람들이 커뮤니케이션을 잘하게 되는 방법은 무엇일까가 궁금해진다. 타인의 메시지를 오해하지 않고 이해하게 되는 방법의 출발점은 서로 다르다는 것을 인정하는 것에서부터라고 할 수 있다. 중국의 고전인 『논어』에 '군자화이부동 소인동이불화 君子和而不同 小人同而不和'란 구절이 있다. 군자는 다른 생각을 가진 사람들과의 차이를 포용하고 화합할 수 있지만, 소인은 다른 사람들과의 차이를 인정하지 못하고 포용하는 마음이 없어 화합하지 못한다는 뜻이다. 소인은 화합하지 못하면서 자신과 생각이 같아지기를 강요하기도 한다. 군자가 지향하는 '화이부동 和而不同'처럼 차이를 인정하고 포용할 수 있을 때 타인과 커뮤니케이션을 잘할 수 있게 될 것이다.

서로 삶을 바라보는 시선이 다르지만 이들의 다양한 시선들이 어우러지고 사회가 이들을 수용할 수 있을 때 우리의 삶도 풍성해질 수 있을 것이다. 사람들마다 다양한 개성이 있고 각자의 코드가 달라서 사람들 사이의 커뮤니케이션이 어렵게 생각되기도 하지만, 그 차이를 인정하고 상대방의 말에 열심히 귀 기울이게 되면 그 순간부터 커뮤니케이션이 쉬워질 것이다. 아이를 키울 때 아이와 진정으로 커뮤니케이션을 잘하고 싶다면, 아이의 말을 끝까지 들어주는 '경청 傾聽'의 자세가 중요하다. 듣는 과정을 통해서 아이의 마음을 이해할 수 있고 아이와 대화할 수 있는 가장 합리적이고 타당한 방법을 찾을 수 있다. 나와 다른 존재인 타인과의 관계에서 먼저 들어주겠다는 마음을 가지고 있으면 커뮤니케이션이 한결 수월해진다. 조직 내에서 해결이 어려웠던 문제도 조직 구성원들의 이야기를 듣는 과정에서 해결의 실마리를 찾을 수 있었던 경험들이 있을 것이다. 아이의 문제도 아이의 이야기를 듣는 과정에서 해결이 되는 경우가 많다.

프랑스의 철학자인 질 들뢰즈 Gilles Deleuze 는 "진보란 세밀한 분류를 지향하는 경향이다"라고 말했다. 들뢰즈는 다르다는 것이 세계를 창조하는 힘이 된다는 것을 파악한 '차이'의 철학자라고 알려진 인물이다. 인간 개개인은 본인을 제외한 어떤 존재와도 절대적으로 다른 존재이고, 그 존재의 개별성과 차이를 존중해줄 때 잠재되어 있는 모든 가능성들이 발현될 수 있는 것이다. 예를 들어 'MZ세대는 모바일을 우선적으로 사용하고, 최신 트렌드와 남과 다른 이색적인 경험을 추구하는 특징을 보인다'는 설명을 네이버에서 찾아볼 수 있는데, 이런 발언 속에서 MZ세대에 속하는 개개인의 고유한 차이가 무시되어 버리는 경우가 있다. '학생은 학생다워야 한다'는 발언 속에서도 학생 개인의 개별적 존재로서 가지는 고유한 차별성이 무시되어 버린다. 학생에 대한 이상적인 모습이 우선되기 때문이다. 이럴 경우 MZ세대에 속하는 각 개인들의 무한한 가능성, 학생들 개개인의 무한한 가능성이 발현되지 못하고 억압당하게 된다.

인간은 개별적 존재로서 다른 존재와 차이가 있다. 그 세밀한 차이를 인정하고 존중하는 커뮤니케이션이 활발하게 진행될 때, 우리 사회는 한 발짝 더 앞으로 나아갈 수 있을 것이다. 나와 다른 사람을 혐오하고 소통하지 않으려 할 때, 우리 사회는 한 발짝 뒤로 퇴보할 것이다. 진정으로 커뮤니케이션을 잘 하고 싶다면, 상대방이 나와 다른 생각을 하고 차이가 있는 존재라는 사실을 인정해야 할 것이다. 차이를 인정하고 차이에 귀 기울일 때 우리 사회는 보다 풍요롭고, 개인의 창의성이 충분히 발현될 수 있는 행복한 사회가 될 수 있을 것이다.

『논어』에
'군자화이부동 소인동이불화
君子和而不同 小人同而不和'란 구절이 있다.
군자는
다른 생각을 가진 사람들과의 차이를
포용하고 화합할 수 있지만,
소인은 다른 사람들과의 차이를
인정하지 못하고 포용하는 마음이 없어
화합하지 못한다는 뜻이다.
소인은 화합하지 못하면서
자신과 생각이 같아지기를 강요하기도 한다.
군자가 지향하는 '화이부동和而不同'처럼
차이를 인정하고 포용할 수 있을 때
타인과 커뮤니케이션을
잘할 수 있게 될 것이다.

이기준

부산대학교 정보컴퓨터공학부에서 교수로 일하고 있으며, 공간과 시간을 정보화하는 분야를 주로 연구하고 있다. 부산대학교 정보의생명공학대학 학장과 한국공간정보학회 회장을 역임하였으며, 유엔의 다양한 활동에 사용되는 지리정보시스템을 공개 소프트웨어로 제공하는 UN Open GIS 프로그램의 공동위원장으로도 활동하고 있다.

이제까지 경험하지 못했던 존재와 소통

얼마 전, 부천 판타스틱 국제영화제에서 '마인드 유니버스'라는 특이한 영화를 보았다. 영화의 설정은 다음과 같다. 극 중에서 작고한 작곡가 김형석 씨의 장례식에 그와 생전 친하게 지내던 지인들을 온라인으로 초청하였다. 소위 딥페이크라는 인공지능 기술을 이용하여 가상으로 재현된 김형석 작곡가가 온라인 조문객과 이야기하는 내용이었다. 매우 특이한 설정이지만 여러 가지를 생각하게 하는 영화였다. 이전에 비슷한 TV 프로그램도 있었다. 오래전에 작고한 김광석 가수의 생전 목소리와 영상을 딥페이크를 이용하여 현실 세계의 상으로 소환했다. 흥미 위주로 만들어진 프로그램이겠지만 몹시 오싹한 경험이었다. 인공지능이 영매도 아닌데 죽은 자를 소환하다니….

혼란스럽다. 너무 한꺼번에 많은 것이 쏟아지고 있어 개별적으로 이해를 해야 하는지, 아니면 통합적으로 이해를 해야 하는지 생각이 정리되지 않는다. 어렴풋하게 정리하자면 소통의 문제이다. 사람 간의 소통이 사람과 기계 사이의 소통, 더 나아가서 그 기계를 통해 전혀 우리가 경험하지도, 생각하지도 못한 존재와의 소통으로 바뀌고 있다. 그래서 현대 기술이 소통에 어떤 역할을 하고, 그 소통을 어떻게 바꿀 것인가에 대한 추측은 요즘 한참 이야기되는 메타버스와 인공지능을 위주로 시작하는 것이 가장 적절해 보인다. 그중에서도 공학적인 내용을 복잡하지 않게 이야기해 보자.

메타버스를 이해하는 가장 쉬운 방법은 도시와 비교하는 것이다. 도시는 직장에서 함께 일하고, 음악회에 가고, 백화점에서 물건을 사고, 은행에서 대출받고, 동창회를 하는 사람들 사이의 상호작용이 집중적으로 일어나는 물리적인 공간이다. 또한, 이런 활동을 편리하게 할 수 있도록 다양한 환경이 설치된 곳이기도 하다. 여기서 물리적인 공간을 가상의 공간으로, 그리고 다양한 도시가 제공하는 편리한 환경을 가상공간이 제공하는 편리한 기능으로 바꾸면 바로 메타버스가 된다. 도시가 물리적인 공간에서 소통하는 환경이라면, 메타버스는 가상의 공간에서 소통하는 환경이다. 물리적인 도시와 가상의 메타버스는 각각 장단점이 있다. 그러나 메타버스가 줄 수 있는 편리함 때문에 메타버스가 우리 일상에 중요한 부분이 될 것이라는 사실을 부인하기는 어렵다. 메타버스에서 교육도 하고, 록 밴드 공연이나 학술대회도 하고, 당연히 상품을 매매하는 장소로도 사용되는 등 실세계에서 할 수 있는 활동이 거의 다 가능하다. 지금도 게임이나 교육 등 몇 가지 용도로 메타버스가 활용되고 있고, 그 용도도 확대되고 있다. 그중에서 흥미로운 활용 분야는 이동이나 활동 장애가 있는 사람들에게 메타버스를 통한 소통의 공간을 마련하는 것이다. 메타버스에 아바타로 참여하여 다른 친구들과 만나고 다양한 활동을 함께 한다. 이곳에서는 장애인과 비장애인이 서로 만나 장애 없이 자유스럽게 이야기도 하고, 춤이나 운동경기도 같이 즐길 수 있다.

메타버스를 완전하게 구현하기 위해서는 기술적 한계가 많다. 그 한계가 무엇인지, 이를 극복하기 위하여 어떤 기술적 노력을 하고 있는지 몇 가지 소개하겠다. 먼저 BMI Brain-Machine Interface: 뇌와 기계와 소통 가 메타버스와 연관된 가장 흥미로운 기술이다. 컴퓨터와 소통하는 방법은 크게 두 가지 방향으로 분류할 수 있다. 첫 번째 방향은 사람이 컴퓨터에 의사나 데이터를 입력하는 것이고, 두 번째는 컴퓨터가 우리에게 정보를 제공하는 것이다. 키보드나 마우스 또는 손이나 몸에 부착하는 웨어러블 기기로 입력하는 것이 우리의 의사를 컴퓨터에 전달하는 일반적인 방법이다. 최근에 의생명공학의 기술이 발달하면서 이전에 생각하지 못하였던 새로운 방법이 점차 가능해지고 있다.

BMI는 다른 과정을 생략하고 컴퓨터와 인간의 뇌가 직접 소통하는 방법을 제공한다. 사람의 뇌에 미세한 전기적 신호를 읽을 수 있는 센서를 설치하여, 키보드나 마우스 등 다른 부가적인 장치 없이, 우리가 생각하는 바를 직접 컴퓨터에 전달하는 것이다. 아래의 그림과 같이 움직임에 장애가 있는 사용자의 뇌에 직접 설치된 센서를 통해 사용자의 의사가 로봇에 전달되면, 로봇이 직접 음료수를 사용자에게 마실 수 있도록 도와주는 것이다. 아직은 초보적인 수준에 머무르고 있다. 예를 들어 사람의 뇌에 외과적 수술을 통해 일정 위치에 센서를 설치하고 그 신호를 유선으로 컴퓨터에 연결해야 한다. 하지만 인식할 수 있는 뇌의 신호도 그리 다양하지 않다.

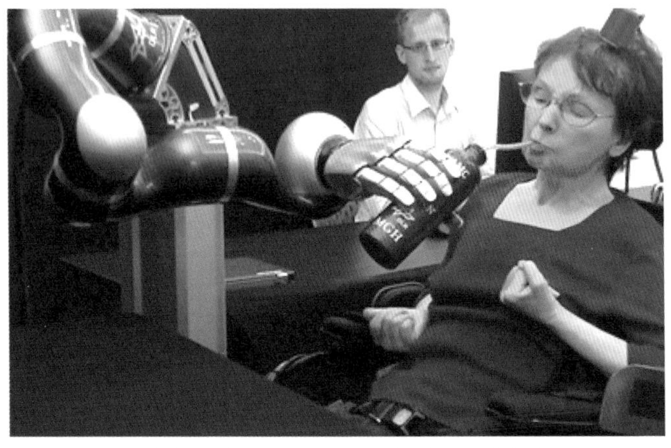

출처 https://www.pnas.org/content/110/46/18343

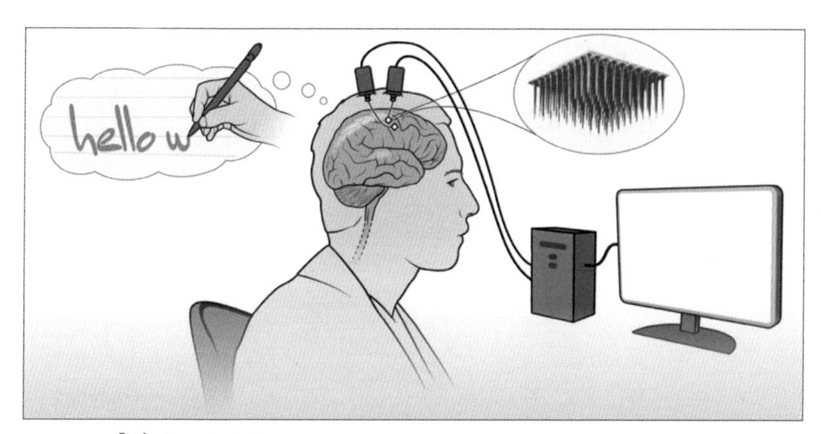

출처 Francis R. Donald, T. Avansino, Leigh R. Hochberg, Jaimie M. Henderson, and Krishna V. Shenoy. "High-performance brain-to-text communication via handwriting." Nature. Published online May 12, 2021. doi: 10.1038/s41586-021-03506-2

앞으로는 굳이 외과적 수술로 뇌에 센서와 유선을 설치하지 않고도 무선으로 직접 뇌의 신호를 읽는 기술이 개발될 것이다. 대부분의 공학 기술이 그렇듯이 일단 기능적으로 성공하면 정확도나 정밀도, 그리고 성능을 개선하는 것은 꾸준한 노력을 통해 가능하게 될 것이다. 2021년 네이처지에 훈련을 통하여 생각만으로 글씨도 쓸 수 있는 기술이 개발되었다고 보고되었다. 머지않은 미래에, 적어도 지금의 이십 대가 살아 있을 때, '인간의 꿈까지 읽을 수 있는 기술이 나오지 않을까?' 단순한 상상이 아니라, 조심스럽게 기대하여 본다.

다른 방향으로 컴퓨터와 소통하는 기술, 즉 컴퓨터의 정

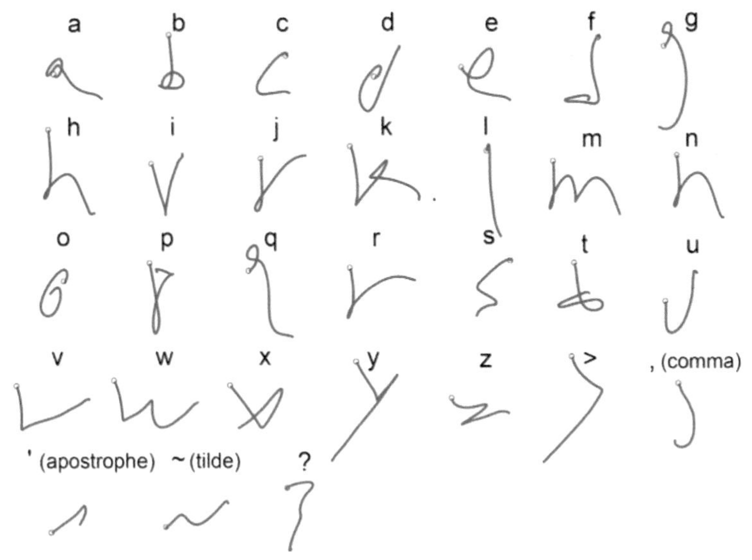

출처 Francis R. Donald, T. Avansino, Leigh R. Hochberg, Jaimie M. Henderson, and Krishna V. Shenoy. "High-performance brain-to-text communication via handwriting." Nature. Published online May 12, 2021. doi: 10.1038/s41586-021-03506-2

보를 인간에게 전달하는 기술도 최근에 놀랄 만큼 진보하고 있다. 이미 상용화되어 많이 사용되고 있는 와우 보청기가 그 예다. 이는 사람의 고막을 거치지 않고 외부의 소리를 전기적 신호로 바꾸어 청신경으로 직접 전달하는 기기이다. 물론 앞으로 청신경이 아니라 뇌로 직접 전달하는 장치도 개발될 것으로 기대한다. 더욱이 이는 청각 기능에만 제한되는 것이 아니고, 시각이나 그 밖의 감각기관으로 확대되고 있다. 예를 들어, 아래의 그림과 같이 외부의 이미지를 전기적 신호로 바꾸어 망막이나 시신경, 또는 뇌에 직접 전달하는 기술이 최근 개발되고 있다. 물론 현재 기술은 명암을 구분하거나 아주 낮은 해상도의 영상만 뇌가 직접 인식하게 하는 기술만이 가능하다. 그러나 앞에서 언급한 것과 같이, 머지않은 미래에 눈으로 보는 수준의 시각적 능력을 컴퓨터에서 직접 전달하는 기술도 가능하게 될 것이다.

그런데 여기서 주목할 것은 컴퓨터가 실세계의 소리나 영상뿐만 아니라, 합성한 소리나 영상, 결국은 가상의 미각, 후각, 촉각을 포함한 모든 합성된 감각을 뇌로 전달할 수 있게 될 것이라는 사실이다. 즉, 가상 공간에서 일어나는 모든

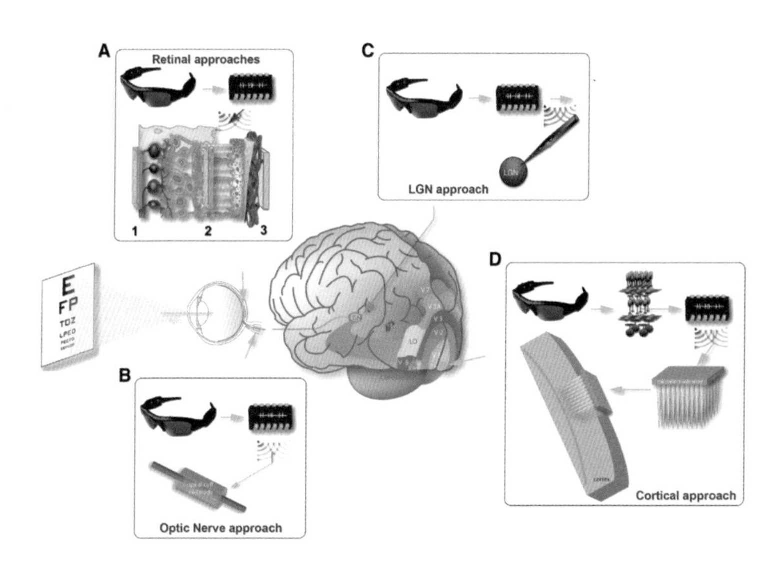

출처 Fernande, E, Development of visual Neuroprostheses: trends and challenges, Bioelectronic Medicine, 4, 12 (2018). https://doi.org/10.1186/s42234-018-0013-8

감각적 형상을 뇌로 직접 전달할 수 있게 된다. 그렇게 되면 우리는 온전하게 메타버스에 존재하게 된다. 이런 소재로 만들어진 또 다른 영화는 이제 공상과학 영화의 고전이 된 〈매트릭스〉이다. 영화 〈매트릭스〉의 소재는 바로 메타버스이다. 비록 영화에서는 메타버스라고 부르지 않고 매트릭스라고 달리 부르지만, 영화 초반부에 이 가상공간인 메타버스에 대한 설명이 나온다. 그리고 앞서 설명한 뇌와 컴퓨터가 소통할 수 있는 기기를 영화 주인공인 네오의 머리 뒤통수에 삽입하는 장면도 나온다. 우연히도 그 뒤통수에는 인간의 시각을 담당하는 후두엽이 있다.

여기에 한 가지 더 주목하여야 하는 기술은 인공지능, 특히 앞에서 소개한 딥페이크 기술이다. 이것도 영화 〈매트릭스〉에 등장하는데 바로 스미스 요원이다. 스미스 요원은 메타버스 공간에서만 딥페이크로 만들어져 존재하는 순전히 가상의 인물이다. 메타버스 공간에 들어가면 실제 사람들 사이뿐 아니라 가상의 인물과도 소통하게 된다. 인공지능의 기술이 발달하면, 메타버스 공간에서는 실제 인간과 인공지능이 만든 가상 인물의 구별이 어려워지게 될 것이다. 뿐만 아니라 아주 다양한, 마치 영화 '스타워즈'에 나오는 것과 같은 매우 이상한 존재와 소통하며 함께 살아야 한다.

다른 재미있는 사례는 종교에서까지 발견된다. 일본 교

토의 고다이지라는 절에서는 여러 불경을 섭렵한 민 다르라는 인공지능 스님이 있어, 고민을 이야기하면 좋은 지혜를 들려준다고 한다. 처음에는 재미있는 가십거리로 생각했지만, 웃을 수만은 없다. 인공지능으로 작곡되었다는 사실을 모른 채 인공지능으로 작곡된 음악을 들으면 꽤 감동적이고, 마음의 평안을 얻기도 한다. 그러니 인공지능 민 다르 스님에게서 좋은 지혜를 받지 말라는 법도 없다. AI-DA라는 이름의 휴머노이드 로봇은 그림도 그린다. 얼마 전 엘리자베스 2세의 초상화도 그렸다고 한다.

여기에 단순한 기술적 문제보다 머리 아픈 근본적인 문제가 있다. 메타버스에 존재하는 다양하고 이상한 존재를 우리는 어떻게 바라봐야 하는가이다. 이는 앞의 두 가지 기술보다 더 어려운 문제이다. 결국은 인간이 무엇인가라는 철학적 질문과 연결되어 있다. 만들어지고 가상으로만 존재하는 메타버스를 실제 세계와 동등한 환경으로 봐야 할까? 그 속에서 존재하는 가상의 인물을 정말로 존재한다고 봐야 할까? 그들은 존엄할까? 법적인 지위를 인정하여야 하나? 사랑할 수 있는 존재일까? 그들과 어떻게 소통하여야 하는가?

결국 새로운 메타버스라는 세상에서, 소통이라는 문제가 자리하고 있다. 우리는 지금까지 인간 사이의 소통만을 이야기하고 있었다. 그러나 메타버스 환경이 제공되고, 그 속에서 가상의 인물들이 나타나게 되면 소통의 방식과 내용이 어떻게 바뀔지 짐작하기 어렵다. 그 형식은 혁명적으로 바뀌게 되고, 그 내용도 분명하게 이전과 달라질 것이다. 이 문제가 인간이 이루어 놓은 인문학적 또는 사회과학적 이론이나 방법, 또는 문명으로 풀릴 수 있을지 모르겠다. 수십 년 내로 이런 기술이 현실화될 것이라 생각하면 사실 걱정이 많이 된다. 기술적인 문제야 어차피 필자 같은 공학자가 연구비를 받아서 해결하면 된다. 그런데 정말 그런 세상이 오게 되면 우리 사회는 이를 받아들일 수가 있을 것인가 라는 질문에 이르게 되면 혼란스러워진다.

많은 인공지능을 전망하는 연구자들은 특이점 Singularity 에 대해 이야기한다. 대충 말하자면 인공지능이 인간의 능력을 넘어서는 지점을 말한다. 이것은 필자가 그렇게 동의하지 않는 표현이다. 인공지능은 결코 인간과 같아지거나, 넘어서는 비교할 수 있는 존재가 아니라 우리가 이해할 수 없는 미지의 존재가 될 것이다. 마치 스필버그가 감독한 <미지와의 조우>에 나오는 외계인처럼 말이다. 그리고 그 영화에서처럼 인간은 미개한 존재가 되든지, 아니면 유발 하라리가 '호모데우스'에서 이야기한 것처럼 단순하게 데이터를 생산하는 객체가 될지도 모른다. 과연 지구인이 외계인과 만날 준비가 되어있는가에 대해 영화 〈미지와의 조우〉에서 질문하는 것처럼, 메타버스와 인공지능이 만들어내는 가상의 세상에서 살아가고 가상의 존재와 공존하고 소통할 준비가 되어있는가? 라는 질문에 답을 찾아야 할 시간이 그리 많이 남아 있지 않다.

류영진

일본적 소통으로 나아가는 한국,
한국적 소통을 시도하는 일본

강동진

큰 테이블에서 시작된 소통 이야기

조봉권

나는 왜 늘 '흥행'에 처참하게 실패할까

유숙

정신장애인을 바라보는 새로운 시선

고윤정

소통의 기술

김지현

흰 콩떡 먹기

류영진

부산대학교 사회학과와 동 대학원에서 석사를 마치고 일본 후쿠오카 대학에서 경제학 박사학위를 받았다. 현재는 일본 규슈산업대학교 경제학부 교수로서 재직하고 있다. 주 전공분야는 문화경제학으로 일상부터 예술에 이르기까지 다양한 문화적인 요소들이 경제에 어떻게 영향을 미치는가에 지속적인 관심을 가지고 연구활동을 이어오고 있다.

일본적 소통으로 나아가는 한국, 한국적 소통을 시도하는 일본.

소통은 한국과 일본 양국 모두에 있어서 요즘 참 자주 듣게 되는 키워드이다. 생각해보면 모든 갈등의 최초 단계는 모두 소통에서 출발하지 않을까 싶다. 몇몇 이슈들을 짚어보자. 일본에서는 최근 아베 전 총리의 국장 國葬 실시에서 정부와 국민 간의 소통 부재가 도마 위에 올랐다. 각종 여론조사에서 국민의 과반수가 국장에 반대하였지만 결국 국장은 거행되었다. 27억 엔 한화 약 260.8억 에 가까운 국가 예산을 쓰면서 의회의 동의를 받지도 않았다. 일본 국민들을 화나게 한 것은 자민당 부총재 아소 타로 麻生太郎 가 처음 국장을 반대하던 기시다 후미오 岸田文雄 총리에게 세 번이나 전화를 걸어서 남긴 한마디였다. 예산 및 절차, 명분 등을 설명하며 국장 실행에 부정적이었던 기시다 총리에게 아소 부총재는 "이건 이치를 따질 일이 아니야!"라고 말하였다. 그야말로 답정너의 정치 버전이 아닌가? 이 한마디가 보도된 이후부터 트위터에는 "이치가 아니다"라는 해시태그와 함께 국장 반대 온라인 데모가 시작되었다.

일본의 철도기업 JR큐슈는 2021년 중순부터 열차의 좌석 수를 대폭 줄였다. 한 차량 당 출입구 주변의 좌석을 8석씩 줄여 24석의 좌석을 줄인 것이다. 또한 특급열차 몇 역을 건너뛰며 달리는 열차로 완행열차보다 빠른 열차. 그 옛날 비둘기호, 통일호, 무궁화호의 차이라고 보면 되겠다 의 경우는 미리 차표를 구매하지 않고 열차 내에서 차표를 구매할 경우 200엔 더 높은 요금을 받는 것으로 2022년 4월부터 규정이 바뀌었다. 그런데 문제는 열차를 이용하는 시민 모두가 이러한 조치가 "왜"이루어지는지 알지 못했다. 그 어떤 미디어에서도 발표가 없었고, 심지어 JR큐슈의 홈페이지에도 이유에 대한 설명이 없었다. 시민들은 지금도 그 이유를 알지 못한다. 특별히 묻지도 않으며, 특별히 알려주지도 않는다.

일본의 소통 : 그 선을 넘지 말라!

이 절에서는 좀 더 일상적인 측면에서 다양한 사례들을 살펴보며 일본인들의 소통에 대해서 감을 한번 잡아보는 시간을 가지고자 한다. 한국 사람들에게는 어쩌면 정말 답답한 예시들일지도 모르겠다.

일본의 이자카야나 바, 스나쿠 Snack, 10여 명 안팎의 손님들이 노래를 부르거나 가게 주인과 이야기를 나누며 술을 마시는 일본 특유의 음주공간 등에서 술을 한잔 마시며 모인 사람들과 대화를 좀 나누다 보면 주인장으로부터 가끔 이러한 주의를 듣게 될 때가 있다. "종교, 정치, 스포츠 이야기는 이곳에서 금지입니다." 한국 사람들에게는 어색한 충고일 수 있다. 특히 정치나 스포츠는 술자리에서는 단골 안줏거리가 아닌가? 일본인들에게 있어서 기본적으로 이야기를 나누는 것은 '회화'를 의미한다. '대화'와는 다르다. 일본적 의미에서 회화는 서로 동의되고 함께 즐거워할 수 있는 주제에 대하여 호응하며 이어지는 이야기이다. 이에 반해서 대화는 서로 의견이 다른 이들이 이의를 제기하고 설득하고 이해하며 이어가는 이야기이다. 일본의 술자리는 기본적으로 회화로 이루어져야 하는 자리이다. 그것은 보이지 않는 문화적인 룰이다. 그런 의미에서 문화심리학자 한민의 저서『선을 넘는 한국인, 선을 긋는 일본인』은 정말 제목이 기가 막히다. 한국인과 일본인들의 소통의 특징을 정말 상징적으로 잘 보여주고 있다. 일본인들은 소통에 있어서 우선 선을 그어두고 시작한다. 술자리에서 내어놓지 말아야 할 주제들은 그어진 선이다. 마치 그어놓은 트랙을 달리듯이 소통은 이루어져야 하며, 여기에서 벗어나는 것을 어색해하고 불편해한다.

일본 조직사회에는 '카츠아이 割愛'라는 문화가 있다. A라는 조직의 어떤 사람이 B라는 조직으로 이동하게 되면 B조직에서는 A조직에 "해당자를 우리 조직에 보내주십시오"라는 의미의 부탁을 공식 서류로 요청한다. 필자 역시 기존의 대학에서 새로운 대학으로 전직을 할 때 대학 간 '카츠아이'서류에 대하여 이야기가 나왔다. 그때 새로운 나의 직장의 인사 담당관은 이렇게 말했다. "전 대학과 커뮤니케이션이 잘 안되면 불쾌해할 수도 있고 그러면 선생님에게도 안 좋을 수 있으니까…" 전직은 어떻게 보면 아주 개인적인 일이다. 내가 이력서를 내고 면접을 통해 채용되는 일이다. 하지만 일본에서는 그것 또한 조직 간의 소통의 틀, 정확하게는 정해진 소통의 형식 속에서 생각한다. 소통은 조직 간에도 다양한 관례와 관습은 물론 상대방의 기분과 '추후의 감정 변화'까지 고려하여 시도되어야 한다. 각 개인은 조직과 소통하고 조직과 조직도 사전에 소통해야만 한다. 그것이 다시 개인에게 영향을 미치는 것이다.

좀 더 젊은 세대들의 예를 들어보자. 한국의 유명한 온라인 게임 리니지가 일본에 런칭을 하고 초창기에는 성적이 썩 좋지 못했었다. 게임 강국 일본이기에 한국의 게임이 쉽게 인기를 끌지 못하는 것이 아닌가 하는 분석들이 나왔지만, '어떤 조치'를 취하자 리니지는 일본에서도 상당한 인기를 구가하는 게임으로 탈바꿈하게 되었다. 그 조치는 바로 채팅 기능을 삭제한 것이다! 한국의 온라인 게임들은 기본적으로 사용자 간의 다양한 소통을 전제로 하고 있다. 하지만 불특정 다수로부터 시도 때도 없이 무작위로 날아드는 채팅들은 일본인들에게 있어서는 더할 수 없는 부담이었다. 일본의 리니지는 많은 사용자들이 고요한 공간 속에서 즐기는 게임으로서 처음 일본에 뿌리를 내렸다.

이 외에도 지금까지 필자가 아크에 일본과 관련한 다른 주제들에 대하여 고찰을 진행하면서 제시하였던 다양한 예들도 일본의 소통을 잘 반영한다. 사실 소통은 사회문화를 형성하는 합의의 출발점이기도 하기 때문이다. 3일 이상 연락이 되지 않아도 문제가 없는 연인들. 아니 정확하게는 상대방을 배려한다면 연락을 참을 수 있는 연인들. 엽서나 편지를 보낼 때 반드시 써야만 하는 정형화된 인사 문구. 타테마에와 혼네를 구별하여 다양한 타테마에의 형식들을 일상 속에서 유연하게 구사해야만 하는 문화. 지금까지 아크를 통하여 소개하였던 이러한 측면들은 일본 문화에서는 소통의 출발 자체가 많은 준비과정과 규칙들 위에서 이루어지고 있음을 보여주고 있다고 할 수 있다.

젊은 세대들이 느끼는 소통 피로

앞 절에서 설명한 일본인들의 다양한 사례들을 보면서 "일본인들은 참 답답하게 사는구나"라고 느끼고 있다면, 그것은 문화심리학자 한민 박사의 분석대로 우리가 '선을 넘는 한국인'이기 때문이리라. 일본의 사례들은 아마 한국 문화를 학습한 사람들에게 대부분 엄청난 피로감으로 다가올 것이다. 무슨 이야기 하나 속 시원하게 하기가 저리도 어렵냐고 느낄 것이다.

하지만 사실 한국의 소통 방식에 익숙한 우리는 또 우리대로 일상적으로 다른 차원의 피로감에 계속 노출되어 있음을 알 필요가 있다. 간혹 우리들은 소통이 만병통치약이며 이것이 모든 것을 한층 더 나은 방향으로 이끌 것이라고 과신하는 경향이 있다. 물론 소통은 최선의 방법이다. 하지만 그것이 늘 절대적이지는 않다. 특히 '선을 넘는' 우리들의 특성을 고려해보면 오히려 소통을 과신하는 것은 자신의 내밀한 부분을 침범 당하고 꼭 말하고 싶지 않은 것까지도 대화의 테이블에 끌어올리도록 강요하는 수단이라고 할 수도 있다. 이는 특히 소위 '오지랖'으로 불리는 한국인들의 일방적 소통 방식에서도 잘 드러난다. 최근 '명절 잔소리 요금표'라는 유명한 밈이 유행하였다. 취업 잔소리는 5만 원, 결혼은 10만 원 등. 원치 않는 소통의 시도에 '잔소리'라는 분류를 정하고 그 비용으로 코스트를 매기는 것에서부터 한국 문화에서 주로 통용되는 일방적인 소통 방식이 주는 피로감이 잘 드러난다고 하겠다. 한국에서 한창 '소통'이라는 말이 유행처럼 번져나갈 때 중요한 요소로 언급되었던 것이 '경청'과 '공감'이었다. 수많은 자기치유와 계발을 내세우는 저서들이 이를 강조하였다. 즉문즉설로 유명한 법륜스님은 '대화'에 대하여 이야기할 때 늘 이렇게 말하였다. "대화는 들어주는 것이 대화다. 상대를 바꾸려고 하는 것이 대화가 아니다." 즉문즉설 그 자체도 우선은 들어주는 것에서 출발하는 것이다. 이 한마디는 어쩌면 우리들의 소통이 보여주는 '자기중심성'을 잘 꼬집고 있는지도 모른다. 우리들은 주로 자신의 기준으로 상대방에게 '조언'하고 '충고'하고 상대의 부족한 부분을 메워주려 한다. 우리는 상대와 조율하는 것이 아니라 상대를 '설득'하여 나와 같은 생각으로 상대를 끌어오려고 한다. 상대가 바뀌어야 그것이 소통의 성공이라 생각한다. 참 곤란한 것은 이것이 어디까지나 선의에 기반한 경우가 많다는 점이다. 다만 그 선의의 기준이 모두 자신의 기준일 뿐이다. 그리고 그 선의가 배신당했다고 느끼면 우리들은 상대에게 적의마저 느낀다. 그러다 보니 한국 사회에서는 소통에 대한 이야기가 나오면 '오지랖'과 '답정너'가 문제가 되고, '경청'과 '공감'의 가치가 회자된다. 한국의 소통에는 자기인정과 과시의 욕구와 권위가 복잡하게 뒤엉켜 있다. 한국의 문화는 모든 것에서 소통을 통하여 '진심을 확인받고 인정받고자'하며 이것이 오늘날 현대인들에게 피로감을 불러오고 있다.

가만! 그런데 이렇게 보면 정말 한국인들은 일본인들의 소통과는 그 양상이 정말 다르게 보인다. 일본인들은 전형적인 '타인 중심적 소통'을 체화하고 있고 또 그것을 지향하여 왔다. 소통의 장을 우선 마련하기 위해서 일본 문화에서는 많은 격식과 형식을 우선 거쳐야 한다. 그것은 내가 지금 소통을 할 마음과 태도가 준비되었음을 보여주는 중요한 수단이다. 그리고 상대방에게 민폐가 되지 않도록, 즉 선을 넘지 않고 거리감을 유지하는 범위에서 소통이 시작되고 이어진다. 사회심리학자 허태균 교수가 방송에서 강연 중 소개한 자신의 에피소드는 일본인들의 타인 중심적 소통의 방식을 단적으로 잘 보여준다. 일본에서 함께 술자리도 가지고 친하게 지내던 연구자들이 있었는데, 그중 한명에게 다른 연구자의 전화번호를 좀 물어보았던 적이 있다고 한다. 그러자 한 직장에서 수년을 함께 보냈고, 또한 친하게 식사도 술자리도 함께하는 동료들임에도 아직 전화번호를 모른다고 하였다. 그리고 심지어 어느 동네에 사는지도, 결혼을 했는지도, 나이가 몇 살 인지도 알지 못했다고 한다. 지식인들도 어쩌면 지식인들이기에 더욱 특정 선 이상으로 다가가려고 하지 않는다. 이러한 일상의 연속이기에 일본인들은 소통을 하지 않으면 더없이 편하지만 내가 신경 쓸 것도 없으며 다른 이들도 날 신경 쓰지 않는다 , 소통을 하려면 신경 써야 할 것들이 많기에 극도의 긴장 상태를 불러오게 되고 소통 그 자체에 대한 회피로 이어지는 경우가 많다. 소통을 시도하는 것은 자신에게도 상대에게도 감정적인 부담을 주는 일이 되고 그 부담을 감수하고자 하는 것은 또 하나의 민폐일지도 모른다고 생각한다. 그렇기에 일본인들의 소통은 물에 섞인 가루처럼 침전된다. 침전된 것들이 없어지지는 않는 법이다. 그렇기에 어딘가 해결되지 못한 울혈감을 늘 안고 살아가게 된다. 쌓인 것들은 돌연 폭발한다. 형식을, 껍질을 터뜨려버리고 쏟아져 나온다.

관심이 없어 소통이 없는 게 아니라 그들의 방식이 소통에 적절하지 않기에 소통의 주제 자체를 피하게 만든다. 어쩌면 일본인들이 정치에 무관심하다는 것은 오해일 수도 있다. 그들의 방식과 형식이 소통의 '질'을 바꿔버린 것일지 모른다. 문화와 사회화 속에서 자신의 의견과 관심을 소통의 테이블에 올리기 어려워졌고, 이는 반복 훈련되며 조건화 반응처럼 굳어져 왔다. 일본 문화는 소통을 '허심탄회'하게 만들기 어렵게 하였고 이는 이것 자체가 일본인들에게는 큰 피로감이라고 할 수 있다.

	일본식 소통 방식	한국식 소통 방식
일본인	소통의 침전, 울혈감	어색함, 불편함, 민폐
한국인	답답함, 정체감	소통의 과열, 소통 전쟁

소통 방식에 따라 양국이 느낄 수 있는 소통 피로

필자는 이러한 피로감을 '소통 피로'라고 부르고 싶다. 소통이라는 것을 시도하기 위한 노력을 포함하여 소통을 진행하는 동안에 소모되는 감정적이고 이성적인 에너지를 '부정적'으로 인식하는 느낌. 그것을 소통 피로라 할 수 있을 것이다. 소통에서 피로를 느끼느냐 느끼지 않느냐는 물론 사람마다 다르고 문화마다 다르겠지만, 한 가지 확신이 드는 것은 한국은 이 피로감을 '자기중심적 소통'이라는 측면에서 강하게 느끼고 있고, 일본은 '타인 중심적 소통'이라는 측면에서 강하게 느끼고 있다는 점이다.

닮아가는 한국과 일본

사람은 힘든 상황 속에서 오래 지내다 보면 어찌 되었든 그것을 나름대로 타계할 방법을 찾아간다. 한국은 오지랖이 선을 넘는다며 거리를 만들어 간다. 요즘처럼 한국에서 '먼저 선 넘었다!'는 표현이 자주 들리는 때도 없다. 우리들이 언제부터 이렇게 지켜야할 선이라는 것을 언급하게 되었는지는 정말 한번 곰곰이 생각해볼 일이다. 반면 일본에서는 온라인 게임들이 연달아 히트를 치고 있다. 집에서 혼자 게임기를 들여다보며 기계와 소통하던 일본 청년들은 이제 함께 온라인에서 포켓몬스터를 잡으러 다니고, FPS슈팅게임을 즐긴다. 2012년 7월 16일 일본 경시청 발표에 의하면 17만 명 규모의 데모가 몇 번이고 도쿄에서 열리고, 이후에도 '특정비밀보안법' 반대, '집단적자위권' 반대 등 굵직한 이슈들에 대하여 일본인들이 점점 거리로 나오는 횟수가 늘어나고 있다. 재밌지 않은가? 혹자는 결국 그래봐야 일본은 히키코모리의 나라이고 한국에 비하여 역동적인 정치적 의견 표출에 미온적이라 말할지도 모르겠다. 우리는 팩트풀니스의 저자 한스 로슬링의 말을 되새길 필요가 있다. "느린 변화라도 분명히 변하고 있음을 인정해야 한다."

우리는 서로 간의 소통의 방식에 무슨 차이가 있는지 주목하여 왔다. 그것을 통하여 누군가는 서로 간의 소통 가능성을 탐색하려 하며, 또 누군가는 한국인 **또는 일본인** 이 더 우월한 소통 방식을 가지고 있다고 '국뽕'을 주장하려 한다. 하지만 분명 중요한 것은 젊은 세대를 중심으로 양측은 점점 더 닮아가고 있다. 그 옛날 어떤 고승이 이러한 화두를 던진 적이 있다고 한다. 바닥에다가 원을 하나 그려놓고 스님 한 분을 그 안에 들어가게 하였다. 그리고는 "내가 너를 이 원 안에 있어서 때릴 것이고, 그 원 밖에 있어도 때릴 것이다! 너는 어찌하겠는가?" 그러자 원 안에 서 있었던 스님이 빙긋이 웃으며 그 원을 지워버렸다고 한다. 그렇다! 지금 한국과 일본의 양 젊은이들은 서로를 참조하며 '선' 그 자체를 지워가고 있는지도 모른다.

다만 이런 시기에 늘 대두되는 것은 소통 문화의 변화와 차이를 공유하지 못하는 '집단 내' 갈등이다. 이는 세대 간 충돌로 가장 극명하게 드러난다. 오히려 한일 간의 '집단 간' 갈등은 젊은 세대 사이에서는 SNS와 문화콘텐츠를 매개로 하는 교류를 통하여 분명 그 이전 세대에 비하여 개선되고 있다. 일본 기성세대들은 현 일본의 젊은 세대들이 근성이 없다고 지적하며 일본의 '좋은 것'들을 지켜나가지 못한다며 혀를 찬다. 무엇이 좋은 것인지에 대한 소통은 정작 그다지 이루어지지 못한 채 말이다. 우리나라가 떠오르지 않는가? 새삼 우리들을 다시 생각해보게 만든다. 소통 과소와 소통 과잉 그 사이를 고민해보게 만든다.

우리들은 주로

자신의 기준으로 상대방에게

'조언'하고 '충고'하고

상대의 부족한 부분을

메워주려 한다.

우리는

상대와 조율하는 것이 아니라

상대를 '설득'하여

나와 같은 생각으로

상대를 끌어오려고 한다.

상대가 바뀌어야

그것이

소통의 성공이라 생각한다.

강동진

역사환경 보전에 중심을 둔 도시설계를 배웠고, 현재 경성대학교 도시공학과에 재직 중이다. 근대유산, 산업유산, 세계유산, 지역유산 등을 키워드로 하는 각종 보전방법론과 재생 방안을 연구하고 있다. 지난 20여 년 동안 영도다리, 산복도로, 캠프하야리아, 북항, 동천, 동해남부선폐선부지, 피란수도부산유산 등의 보전운동에 참여하였다. 현재 문화재청 문화재위원, 이코모스 한국위원회 이사 등으로 활동하고 있다.

큰 테이블에서 시작된 소통 이야기

1. 생각나는 두 사람

소통이라는 단어가 떠오르거나 얘기할 때면 항상 떠오르는 사람이 있다. '다무라 아키라 田村 明 국장'! 그는 14년간 1968~1981 일본 요코하마 시 의 기획조정국장을 역임했던 공무원이다. 재임 기간 동안 부산의 '북항재개발사업'과 흡사한 요코하마 '미나토 미라이 21 이하 'MM21' '이라는 항만재개발을 진두지휘했다. '21세기의 미래 항구'라는 말 그대로 요코하마는 21세기를 주도하는 세계적인 워터프런트로 성장했다.

요코하마는 일본 최초 개항장으로 일찍부터 서양 문물을 받아들였고, 20세기 들어 항구를 기반으로 하는 공업도시로 발전했다. 그러나 태평양전쟁 중 공업 기반의 상당수가 파괴되었고, 이후 1950~60년대에 요코하마는 전철로 불과 1시간 거리인 도쿄의 위성도시로 전락하고 말았다. 1960년대 중반, 일본 사회의 개혁그룹의 리더였던 아스카타 이치오 飛鳥田一雄 가 시장에 취임하면서 요코하마는 특단의 조치를

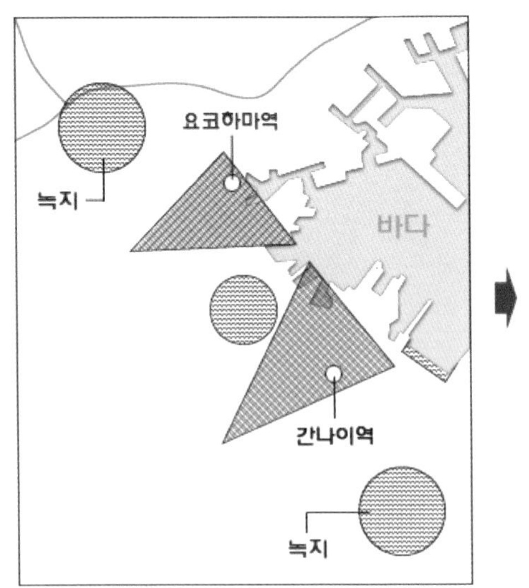

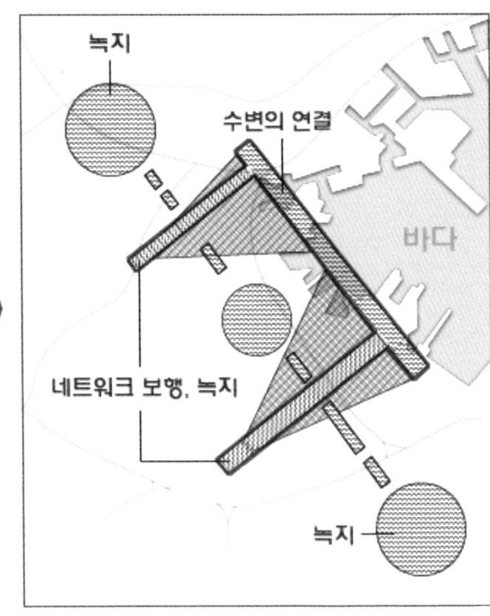

아키라 국장이 제안한 MM21의 '쐐기'와 '꺽쇠' 개념

선택하게 된다. 당시 환경전문가로 활동하던 아키라 국장이 제안했던 '도시 혁신 6대 사업[1]'을 취한 것이었다.

6대 사업 중 핵심 사업은 항구재개발이 포함된 '도심부 강화사업'이었는데, 전쟁 후유증으로 엉망이 되어 버린 요코하마 구도심의 재생과 혁신을 위한 것이었다. '쐐기에서 꺽쇠로'라는 아키라 국장의 발상은 매우 독특했다. 1963년 고속철도 신칸센의 개통으로 신요코하마 역이 건설되었고, 기존 요코하마역 일대와 구도심 간나이 지역 의 쇠퇴가 본격화되

1 도심부 강화사업, 가나자와 해안 매립사업, 도후쿠 뉴타운 건설사업, 고속도로망 건설사업, 지하철도 건설사업, 베이브릿지 건설사업

고 있었다. 단절된 두 지역의 연결을 내륙이 아닌 바다를 활용하겠다는 도전장을 내민 것이었다. 쐐기처럼 박혀 단절된 두 지역을 바다, 즉 옛 부두 지역을 하나로 묶어 꺽쇠 개념을 통해 강력하게 연결하겠다는 것이었다.

꺽쇠 개념을 성사시키려면 중간 연결부에 해당하는 수변부에 자리했던 미쓰비시조선소, 미쓰비시중공업, 다카시마조선소, 항만철도 등을 이전시켜야만 했다. 이 시설들의 외항으로의 이전은 '일본발 탈산업화'의 시금석이 되었고, 동시에 MM21의 출범을 본격화시켰다.

아키라 국장에 있어, 요코하마의 공무원으로서 14년 동안의 재임기간은 요코하마 대 개조를 위한 실험과 도전의 연속이었다. 일본 최초로 도시디자인과를 신설하고, 산업유산 개념의 씨앗을 뿌리는 등 혁신적인 항구재개발과 연동되는 요코하마 스타일의 생존 전략을 추진했다.

MM21의 탄생을 위한 그의 활동기록들을 들추어 본다.[2] 특이하며 흥미로운 일들이 많았다. 필자의 시선을 가장 강하게 끈 얘기는 '기획조정국의 책상 배치를 바꾼 일'이었다. 직급에 따른 서열식 배치가 아닌 직원들 간의 소통력 극대화를

---

2 타무라 아키라 국장(교수)은 새로운 도시 만들기와 관련된 15권의 명저를 남겼다. 아래 책은 자서전 형식으로 요코하마 MM21의 탄생 과정을 상세히 기록한 책이다;『都市ヨコハマをつくる：実践的まちづくり手法』中公新書, 1983年.

요코하마의 미래를 위한 아키라 국장의 도전기

위한 '대大 테이블 시스템'으로의 변신이었다. 공무원 사회의 일방적 하달과 경직성을 깨기 위한 조치였다. 실질적으로 아키라 국장의 공공사회개혁과 요코하마의 대개조는 우리 눈에는 하찮아 보이는 '책상 배치 바꾸기'에서 시작된 것이었다. 아키라 국장의 글을 그대로 옮겨 본다.

"또 한 가지 중요한 소도구가 있다. 특대의 제도판을 주문한 것이다. 될 수 있는 대로 크게 해 달라고 주문을 해서 다다미 두 개 정도의 규모를 가진 물건이 되었다. 이것을 방 한가운데에 떡 버텨 놓았다. 어려운 문제는 이 테이블에서 뻥 둘러앉아 토의를 했다. 물론 개인용의 제도판이 있었으나 그것은 한 사람만의 세계였다. 그러나 이 특대의 제도판은 다수의 사람들이 협동하는 세계가 되었으며 개인이 독점하는 것이 아니었다. 도시 만들기에 있어서 새로운 것을 만들어 내거나, 곤란한 문제를 해결하는 데는 개인의 수준에서 해결되기 어려운 점이 많았다. 아무래도 여러 사람의 협조와 협동 작업에 의하지 않으면 안 된다. 대 제도판 앞에서는 누구라도 그렇게 될 수밖에 없다. 토의를 할 때에는 이 제도판에 문제의 도면, 지도를 놓고 그 위에 커다란 트레이싱 페이퍼의 두루마리를 펼쳐 놓았으며, 매직잉크와 사인펜을 많이 준비해 놓는다. 토의는 말로만 하는 것이 아니었다. 트레이싱 페이퍼 위에 그림, 글자, 숫자를 마음대로 써넣도록 했다. 그렇게 하다 보면 머리로만 생각할 때보다 그 이상의 무엇인가가 정보로서 첨가가 되고, 생각의 테두리가 잡혀져 갔다. 말한 사람 자신도 보다 더 좋은 생각이 떠오르게 되고, 토의에 참가한 주변 사람들에게도 그가 무엇을 말하려고 하는가를 알 수 있게 되었다. 그러면서 이야기는 구체적으로 풀려갔다.

중략 '대 大 테이블 주의 主義'라고 하는 것은, 첫째, 모두가 정신적으로 하나가 되는 것이며, 둘째, 서로의 정보를 공유하는 것이다. 정보를 한 사람만이 독점하는 것이 아니고 부의 전 직원이 전반적인 일을 알고 있는 것이 필요하다. 그러면 관련되는 일을 하는 것이 누구인가를 알 수 있게 되어 서로 협력할 수 있게 되고, 쓸데없는 중복 과업도 피할 수 있게 된다. 셋째, 대 테이블 주의란 타인으로부터 정보를 얻을 뿐만 아니라, 스스로도 참가하여 지혜와 정보를 합치는 것이다. 기획조정국과 같이 특별히 정해진 일상 업무가 없이 종합적인 일을 추진해 나가는 데는, 어쨌든 필요한 것이었다. 기획조정국 안에서도 일을 분담하고 중복을 피해야 하지만, 그것이 종적 계열화가 되어 상호협조에 장애가 되어서는 안 되었다. 분담과 동시에 협력을 하는 시스템이 필요한 것이다. 기획조정국에 새로 들어오게 된 직원들에게는 반드시 내가 직접 대 테이블 주의를 설명해 주었다."

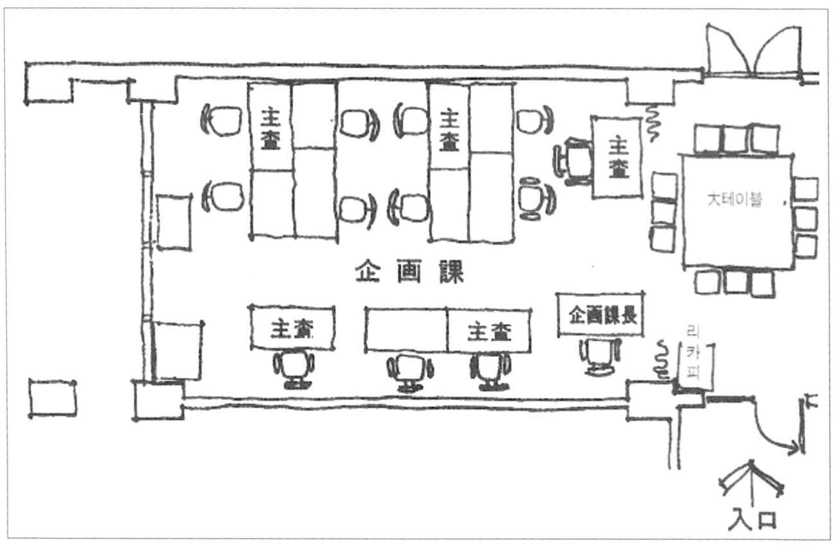

구조 서열식 자리 배치가 해체된 기획조정국(부분) : 언제든 만날 수 있는 '대 테이블' ⓒ田村 明

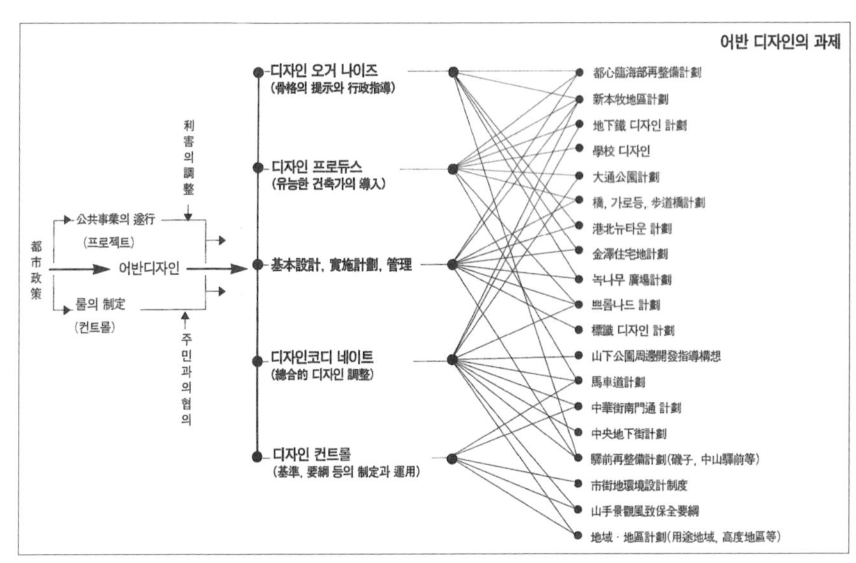

'대 테이블'에서 시작된 요코하마 대개조의 방안들 ©田村 明

공공사회의 생각을 바꾸기 위해 아키라 국장이 취한 원칙은 '비정형 非定型 과 유동형 流動型 '이었다. 이는 모든 가능성에 도전하는 신 新 사고방식을 의미했다. 결과적으로 그가 추구했던 공공사회의 새로운 소통은 항구 역사에 대한 생각의 전환을 낳았다. 그가 지키려 했던 항구의 흔적과 기억들은 단절과 오염으로 점철되던 항구지대가 '창의도시 요코하마'의 신 新 근거지로 전환되는 근거를 제공했다. 그가 떠난 후에도 요코하마의 도시 관리 기조는 흔들리지 않았고, '유네스코 창의도시 네트워크 구축 사업', 구도심의 낡은 근대 건축물들과 예술인들의 창의성을 융합한 'BankArt1929 프로그램', 개항 150주년을 기념한 '원 原 부두 복원사업' 등 공공성과 역사성에 기반한 사업들이 지속적으로 추진되었다. 결과적으로, MM21는 약 20만 명 거주 1만여 명, 3천여 가구 이 생활하고 연 2천만 명의 방문객이 찾는 세계적인 워터프런트로 발전했다.

어떻게 국장 한 사람이 이 모든 일을 할 수 있었을까? 정확히 얘기하면 관례화된 고정관념을 어떻게 깰 수 있었고, 또 어떻게 소통하였기에 그는 14년 간 같은 자리에 머물 수 있었을까?

비결이 있었다. 아키라 국장의 행보는 그의 몫만은 아니었다. 그의 활동 배경을 제공했던 사람, 그 주인공은 서두에 언급했던 '아스카타 이치오 시장'이었다. 이치오 시장은 도시 미래상에 대한 굵직한 선을 가졌던 리더였고, 현실은 어느 지점이고 미래를 위해 어디를 어떻게 바라보아야 하는지를 분명히 알았던 사람으로 평가된다. 또한 각 시대와 도시마다 도래했던 난제들의 극복을 위해 어느 누구도 하지 못한 특별함으로 과감히 도전했던 도시 혁신의 주창자였다.

필자가 좋아하는 사진 한 장이 있다. 이치오 시장이 요코하마항의 낡은 부두의 계선주에 앉아 뭔가를 골똘히 생각하고 있는 장면이다. 1975년에 찍은 것이라 하니, 아키라 국장이 신나게 ? MM21을 추진하고 있을 무렵이다. 왜 그 사진이 남겨졌을까? 그는 항구 선창에 앉아 바다를 자주 바라보

요코하마항의 새로운 미래의 출발점 ©amanaimages

았다고 한다. 왜 그랬을까? 분명 그 순간, 그의 마음 깊은 곳에서는 지역에 대한 애착이 용광로처럼 끓어올랐을 것이고, 그 열정을 담아낼 방법을 찾았을 것이다. 그곳을 찾을 때마다 그의 가슴과 머리에는 요코하마의 진정한 미래가 담겨지고 그려졌을 것이다. 그래서 요코하마는 변할 수 있었고, 또한 아키라 국장의 행보가 보장될 수 있었던 것이다. 두 사람 사이의 '소통.' 그것이 바로 요코하마 대개조의 진정한 출발점이었던 것이다.

2. 오리건에서 만난 사람들

2006년 늦은 겨울부터 2007년 초 봄까지 미국 오리건대학교 University of Oregon 건축학과에서 학생들과 시민들을 만났다. 4학년 설계 수업인 '어반 디자인 스튜디오'에서 필자는 방문학자 자격으로 담당교수 Mark Gillem 를 돕는 역할이었다. 오리건대학교가 있던 유진 Eugene City 에서 본 수업에 미션을 제공했다. 도시를 스치며 지나가는 퍼시픽 하이웨이 IC에서 도심으로 들어오는 도로 Franklin Boulevard 주변에 대한 개선 방안을 마련해 보라는 것이었다. 그 길은 윌래밋 강을 따라 들어오는 매우 아름다운 수변도로였고 또한 많은 시민들의 생활공간과 직접 연결된 곳이었다.

학기가 시작되자마자 길렘 교수와 학생들은 LA와 샌프란시스코로 조사 여행을 떠났다. 승합차 두 대를 빌려 타고 두 도시 일대를 다니며 프랭클린 블루버드와 유사한 여건을 가진 길들을 찾아다녔다. 학생들은 현장 스케치를 하고 길을 계획하고 설계한 사람들을 만나 묻고 또 물었다. 그렇게 조사 여행을 마친 후 학생들은 조사·분석 결과를 담은 20여 장의 패널을 제작했다. 다음 작업이 궁금하지 않을 수 없었다. 프랭클린 블루버드의 미래를 지역민들과 함께 모색한다는 수업 과정을 익히 알고 있었기에, 과연 시민들과 함께 어떻게 대안을 만들어 갈지 몹시 궁금했다.

'Explore the Franklin Corridor'란 이름의 디자인 워크

숍에 참가를 원하는 시민들이 모였다. 유진의 공공시립도서관에 모여든 시민들의 모습이 한 두 시간 잠시 참여하러 온 사람들 같진 않았다. 까칠한 NGO와 환경보전론자, 금융권에서 일하는 사람도 있었고, 지역에서 활동하는 건축가와 조경가 그리고 근처에서 가게를 운영하는 듯한 소시민도 있었다. 다양한 배경을 가진 50여 명의 시민들이 모였다.

그들의 소통 방식이 궁금했다. 복층으로 된 건물의 1, 2층에 10여 개의 큰 테이블들이 마련되었고, 학생들이 조사하여 제작한 사례 조사 패널은 테이블 주변 곳곳에 세워졌다. 그들의 소통은 일방적인 방식에서 한참 벗어나 있었다. 테이블 별로 소주제가 제공되었다. 정확히 기억은 나지 않지만 생태도시, 근린보행, 수변공원, 대중교통 트램 활성화

큰 테이블이 소통의 주인공이었다.

토론장이 된 구석구석의 큰 테이블

진지한 토론에서 시작하는 그들의 소통 방식

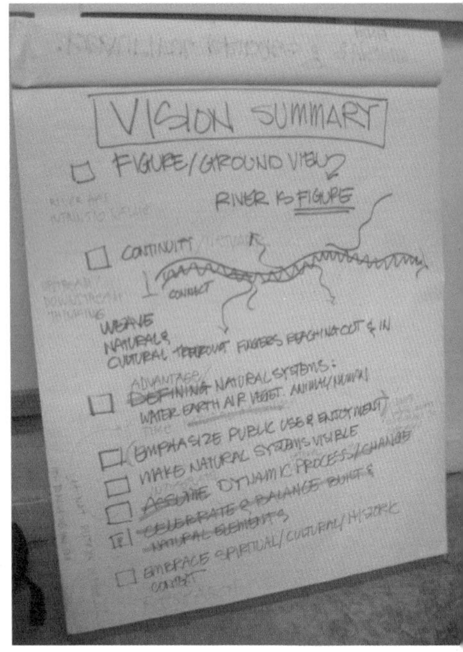

그들이 함께 가기로 선택한 미래 방향

등 다양한 주제들이 주어졌고, 진지한 토론이 끊임없이 이루어졌다.

큰 테이블 워크숍은 이후에도 수차례 반복되었다. 학생들은 끊임없이 의견을 경청하고 토론의 결과들을 정리하며 생각을 쌓아 나갔다. 그들에게는 우리가 습관처럼 또 관례로 행하는 공청회는 없었다. 테이블 위에서 시민들과 지역 전문가들과의 깊고 넓은 소통은 우리의 형식적인 공청회에서 만나는 비판과 불만, 방관적인 시선을 온데간데없이 사라지게 했다.

3. 부산에서의 경험 하나

경마장, 일본군 훈련장, 미군 부대로 이어져 온 캠프 하야리아는 50여 년 동안 미군 부대로 사용되다 2010년 1월 부산시에 공식 반환되었다. 우여곡절 끝에 2007년 즈음 미국의 유명 조경가인 제임스 코너 James Corner 의 스케치에 근거한 마스터플랜이 마련되었다. 그러나 '충적층 Alluvium '이라는 낙동강의 퇴적을 모티브로 하는 스케치는 성토작업을 필수로 요했다. 결과적으로 지난 흔적을 모두 덮어 버린 채, 300동이 넘는 건축물 중 단 1동만을 보존하기로 한 제임스 코너의 생각은 너무 불만스러운 것이었다. 일본과 미군의 잔재라는 시선, 기름 오염 등 여러 난제들이 있었지만, 흔적과 기억 보존을 위한 전문가 시민운동을 시작할 수밖에 없었다.

2009년 5월 12일, 부산일보사에서 포커스 그룹 인터뷰 Focus Group Interview 의 자리가 마련되었고, 참가자들은 "서둘지 말고 역사가 살아 숨 쉬는 문화공원으로 만들자"는 결론을 내렸다. 이를 계기로 '하야리아 공원 포럼 이하 '공원포럼' '이 결성되었다. 공원포럼 보존운동의 전개 결과, 약 25동의 건축물과 경마장 트랙을 보존할 수 있었고 제임스 코너가 직접 설계안을 변경토록 하는 등의 성과를 거두었다. 그러나 턱없이 부족한 결과였다. 남기려 노력했던 흔적의 1/3 정도만 남길 수 있었고, '대 초원'이란 멋진 의미를 가진 '하야리아'란 이름을 지키지 못했고, 군 시설 철거와 공원 시공과정, 공원 운영 관리 전반에 걸쳐 긍정적인 영향을 미치고 싶었던 열정도 적용되지 못했다. 역부족의 결과였다.

사실 캠프 하야리아와 관련된 시민운동은 하야리아 공원 포럼이 처음이 아니었다. 1993년에 시작된 부대 이전과 공원 조성에 대한 시민 열망은 '부산 땅 하야리아를 되찾기 위한 시민대책위원회'의 결성으로 연결되었고, 2004년 9월에는 '하야리아 부지 시민공원추진 범시민운동본부'가 결성되었다. 이 과정에서 150만 명이 넘는 시민들이 캠프 하야리아의 무상 양여와 시민공원 조성에 서명으로 동참하기도 했다.

우리 땅임에도 들어갈 수 없었던 보이지 않는 담장 안으로 풍선을 날리며, 높은 쇠창살 블록 벽을 허물자는 시민의 열망은 점차 가시화되었다. 2014년에 공원 조성이 완료되었으니, 정확히 20년 동안 시민운동들이 전개되었다. 부산시민공원의 탄생에는 분명 민간 주도의 공론화와 거버넌스가 큰 역할을 담당했다. 그 과정은 자기 목소리를 높이며 주장하며 투쟁했던? 시간이었지만, 필자에게는 기억나는 순간들이 여럿 쌓여 있다.

2010년 4월 24일 토요일이었다. '반갑다 하얄리아 당시 '하얄리아'로 표기 '라는 슬로건으로 캠프 하야리아의 일부를 약 6개월 동안 시민에게 공개하는 첫날이었다. 비록 공원 조성

그저 얻은 것이 아닌 부산시민공원 ⓒ부산광역시

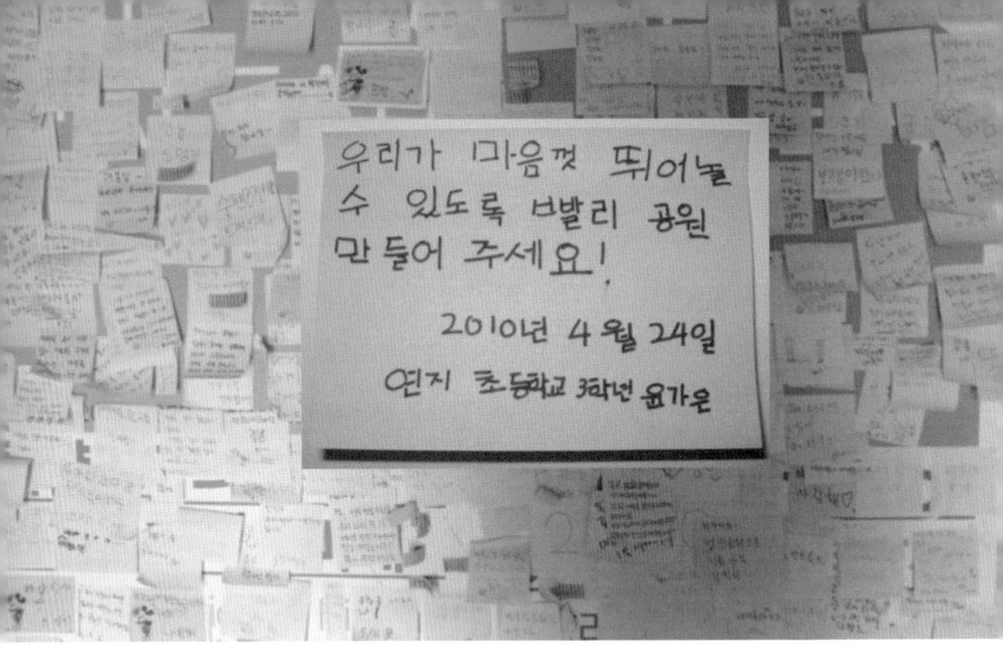

다시 만나고 싶은 메모의 주인공!

을 위한 부대시설 철거 전까지라는 한정된 시간이었지만, 공원 포럼은 부산시와 여러 기관들의 도움으로 온전한 공원 조성과 새로운 공원 문화를 찾기 위해 다양한 전시회와 이벤트들을 공원에서 개최했다. 초원에서의 자유를 외쳤던 인디밴드와 비보이들의 노래와 춤도 펼쳐졌다.

컴퓨터 속에서 미소가 절로 번지는 오래된 사진들을 발견했다. 지금은 사라진 부대 극장에서 개최된 전시회 벽에 시민들이 남겨 놓은 메모들을 찍은 사진들이었다. 연지초등학교 윤가은 어린이의 글이 유난히 눈에 들어온다. “우리가 마음껏 뛰어놀 수 있도록 빨리 공원 만들어 주세요!” 소원이 이루어진 공원에서 가은 양을 다시 만나고 싶은 마음이 굴뚝 같다.

기억에 남는 또 다른 순간이 있다. 공원포럼과 부산시의 상호 설득 과정 중, 부산시는 지방도시 최초로 '라운드 테이블 round table'이라고 하는 시민 의견 수렴 시스템을 도입했다. 당시는 매우 혁신적인 제안이었고, 다양한 의견을 모을 수 있는 좋은 장치였다. 각계 분야에 활동하는 30여 명의 전문가와 시민운동가들이 시민의 목소리를 대변하기 위해 라운드 테이블에 모였고, 2011년 3월까지 라운드 테이블은 이어졌다.

라운드 테이블에서 공원포럼은 수차례에 걸쳐 건축물, 유적지 및 구조물, 경관, 식생 등에 대한 보존과 보전 방안을 제안했다. 모든 것을 남기고 싶었지만, 기름 오염 문제가 부각되며 많은 흔적들을 지키기에는 힘이 부족했다.

장교클럽(현 부산시민공원역사관)에서의 라운드 테이블 ©부산일보

라운드 테이블에서의 합의 ©부산일보(2010.11.11.)

그럼에도 성과는 있었다. 2010년 11월 11일, "과거 공간의 패턴과 흔적을 남기는 공원으로 가자."는 대합의가 이루어졌다. 기대에는 못 미쳤지만 공원으로 나아가는 과정에서 매우 중요한 순간이었다.

라운드 테이블에서의 합의 후, 남은 최대 과제는 원래 그려진 계획안을 어떻게 변화시키느냐 하는 것이었다. 쉽지 않은 과정이었지만, 부산시에서 추가 비용을 확보하여 원 제안자인 제임스 코너에게 재의뢰가 가능하게 되었다. 제임스 코너는 시민 합의의 결과를 반영하여 수정안을 만든 후 부산에 직접 왔고, 부산시와 공원포럼과의 토론회를 거쳐 최종 변경 안을 제시했다. 합의안은 2011년 3월 28일 시민에게 공개되었다.

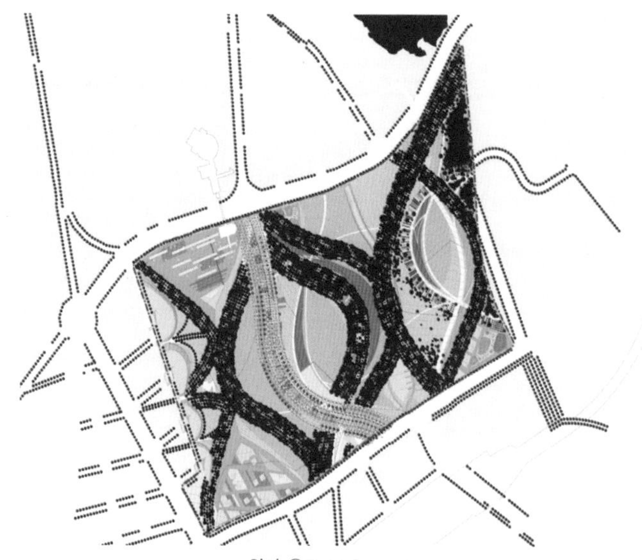

원안 ©Field Operation

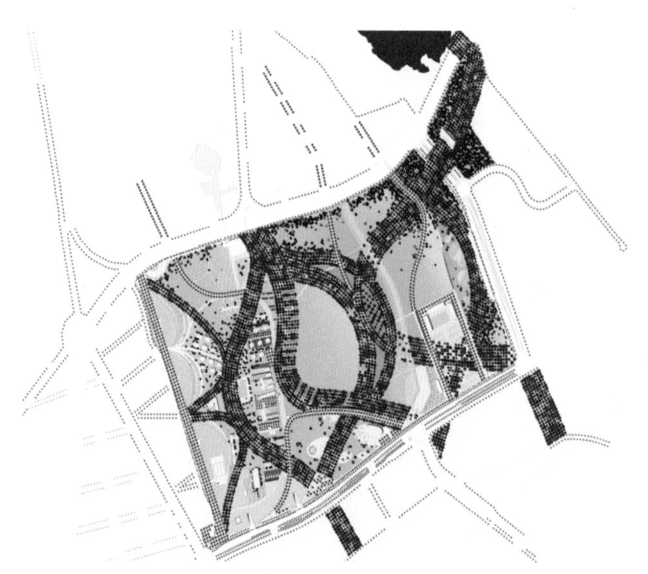

최종안 ©Field Operation

두 플랜의 가장 큰 차이점은 1950년대의 흔적들에 대한 보전 여부였다. 건축물 338동 중 22동 장교클럽, 퀀셋 막사, 하사관 숙소, 위관급 숙소, 사령관사 과 경마장 트랙과 수목 일부가 남겨졌다. 비록 316동을 지키지 못했음에도, 부분이었지만 경마장 트랙을 지켜 낸 것은 큰 성과였다.

4. 세 가지 사례의 공통점

세 가지 사례 모두에 '테이블'이 등장한다. 그것도 '큰 테이블'이다. 큰 테이블은 사람들이 둘러앉을 수 있고 눈빛 교환을 가능하게 한다. 오래 전, 요즘의 식탁 개념이 아직 정착되지 않았을 때 집집마다 둥그렇고 네모난 접이식 좌식 식탁을 이용했다. 식사 시간이 되면 안방 가운데에 펼쳤다가 식사 후에는 접어서 방 한 켠에 세워두곤 했다. 그 식탁은 비좁은 공간 안방 을 효율적으로 사용할 수 있는 묘책이었다. 펼쳐진 테이블은 식탁뿐만 아니라, 채소를 다듬거나 나물거리를 잠시 말리는 자리가 되기도 했고, 알까기의 그라운드가 되기도 했고, 또 어떤 때는 아이들의 숙제를 해결하는 책상이 되기도 했다.

이처럼 큰 테이블의 가장 큰 가치는 '유연함'이다. 여기서의 유연함은 언제든 뭐든 할 수 있다는 것과 함께 앉은 사람들과의 관계를 돈독하게 하며 마음의 벽을 허물 수 있는 가능성을 의미한다. 이렇게 생각하니 큰 테이블과 세트로 움직이는 것이 사람이고 또 그들의 마음이다. 안방 테이블에 함께 앉은 사람들은 대부분 가족이나 일가친척이니 눈빛만 봐도 속마음의 소통에 아무런 장애가 없다. 그런데 집을 나서면 테이블의 상황은 달라진다. 맞은편에 앉은 사람들의 논리를 뛰어넘어야 하고 테이블 경쟁에서 이기거나 설득을 통해 목적을 이뤄내야 한다. 그런 상황에서는 이해와 사랑을 전제로 하는 안방 테이블과는 달리, 뛰어난 말솜씨와 체계적인 논리 전개를 필수로 하는 웃음기 없는 냉랭한 분위기의 소통이 주를 이룬다.

이런 관점을 연결하여 세 가지 사례 속의 큰 테이블을 떠올려 본다. 세상 속의 테이블이었건만, 마치 안방의 큰 테이블에서의 저녁 식사 시간과도 같았던 그 훈훈함의 비밀을 찾아본다.

세 가지로 요약이 가능하다. 첫째는 '애착심'이다. 요코하마의 오래된 항구, 오리건 유진의 프랭클린 블루버드, 부산의 캠프 하야리아의 큰 테이블에 둘러앉았던 사람들은 모두 그곳의 본질을 사랑했고 또 지키고 싶어 했다. 고뇌하며 생각을 나누며 지역의 미래에 대해 같은 시선으로 바라보았다. 그런 사람들이 모여 앉을 수 있었기에 요코하마의 항구는 역사와 미래가 공존하는 세계에서 이름난 워터프런트가 되었고, 프랭클린 블루버드 일대는 손꼽히는 환경도시의 중심지로 거듭났다. 캠프 하야리아는 도심의 거대한 부산 시민공원으로 변신하여 지금보다 앞으로의 시간이 더 기대되는 시민 삶터로 성장 중에 있다. 지역에 내재된 본질이 무엇인지를 깨달으며, 그 이해가 지역에 대한 진정한 애착심으로 전환될 수 있음이 소통의 출발점인 것이다.

둘째는 '창의적인 집단의 리드쉽'이다. 요코하마에서는 시장과 국장 그리고 공무원들과 시민들이, 유진에서는 학생들과 교수 그리고 시민들이, 부산에서는 시민들과 전문가들 그리고 관의 힘이 공동으로 작동했다. 집단의 절제된 그리고 통합된 리드쉽이 핵심이었다. 개인의 리드쉽은 자칫 독재나 방종으로 흐르기 쉽다. 그러나 집단이 한마음으로 소통할 때면 공감을 넘어 공유와 공생의 혜택을 쉽게 이끌어 낼 수 있다.

마지막은 '관의 넓은 수용력'이다. 세 가지 사례 모두 결국 공공사업으로 연결되었다. 여기서 특별한 점은 모든 것을 관 **행정** 이 도맡지 않았다는 것이다. 시민들의 목소리와 행동이 스며들 수 있도록 길을 열어 주는 것, 그것이 소통의 비결이었다. 넓은 포용력을 갖춘 관의 존재는 시민들을 빛나게 한다. 관습과 관행을 멀리하며 창의성을 근간으로 하는 시민들이 빛나는 지역에서는 경쟁시대를 앞서 나아갈 수 있는 무한한 개성과 비전들로 자연스럽게 채워진다.

지역에서의 소통은 많을수록 좋다. 그러나 소통은 '일정의 시간'을 필요로 한다. 그 시간을 참지 못해 자기주장을 앞세우고 시간을 핑계로 남 얘기를 듣지 않는 과오는 이제 멀리해야 한다. 또한 소통은 '절제와 희생'을 요구한다. 남을 이해시키려면 반드시 자기 것을 내어 놓아야한다. 자기희생 없는 제대로 된 결과는 없을뿐더러, 있다 하더라도 결코 오래가지 못한다. 절제와 희생은 소통의 필수품이다.

지금 대한민국 사회는 다양한 유형의 크고 작은 테이블들을 필요로 한다. 물론 테이블만 있다고 모든 것이 소통되진 않겠지만, 테이블이 있어야 비로소 그 앞에 앉을 수 있다. 그 테이블을 어떻게 세련되게, 흥미롭게, 힘나게 펼칠 수 있느냐에 대한 고민! 그것이 올바른 지역 성장의 열쇠다.

참고문헌

하야리아 공원 포럼(2011). 『부산의 꿈 : 캠프 하야리아의 시민공원 만들기』. 미세움.

田村 明(1983). 『都市ヨコハマをつくる：実践的まちづくり手法』. 中公新書.

강동진(2013.03.15.) [기고] 요코하마 '다무라 아키라 국장'과 부산 '북항'. 국제신문.

강동진(2016.07.28.) [기고] 우리에게 부족한 'C'에 대한 염원. 국제신문.

강동진(2020.12.10.) [기고] 축소시대를 살아가는 우리의 선택. 국제신문.

조봉권

1970년 8월 15일 경남 진해에서 태어났는데, 일곱 살 때 부산 와서 줄곧 부산 원도심에서 살고 있다. 부산대에서 사회복지학을 전공하는 행운을 누렸다. 남을 도우려 애쓰고 우리 사회를 생각하면서 자기를 돌아보는 학문이 사회복지학이었다. 그러나 성적은 나빴다.

부산대 영어신문사 편집국장과 간사를 지냈다. 1995년 국제신문에 입사해 2022년 현재 28년 차 기자다. 등산·여행·레저 담당 기자로 뛴 2년 3개월이 가장 행복했다. 그때 '신근교산'이라는 책을 냈다.

문화부 기자, 문화부장, 문화전문기자 등 문화·예술 부문 취재를 17년 이상 했다. 선임기자, 편집부국장을 지냈다. 현재는 국제신문 부국장 겸 문화라이프부장으로 있다. 부산대 예술문화와 영상매체 협동과정 대학원 미학 석사 과정에서 공부했으나 학위는 못 받았다. 제1회 효원 언론인상, 한글학회부산지회 공로상, 라이온스봉사대상 언론 부문상을 받았다. 현재 인문 무크지 '아크' 편집위원이다.

나는 왜 늘 '흥행'에 처참하게 실패할까

그는 이상하게 말했다. 언제나 그랬다. 불쑥 전화해서는 하기야 모든 전화는 불쑥 온다 "조 기자! 지금 소통 좀 되겠나?" 하고 물었다. 그가 말하는 소통은 '통화'였다. 불쑥 문자를 보내오곤 했는데, "조 기자! 소통 한 번 부탁하네" 식으로 표현했다. 그를 만날 때면 나는 짜증이 났다. 그 뜻이 한없이 '인플레이션' 되는 소통이라는 낱말의 가련한 신세가 견디기 힘들 만큼 안쓰러웠다.

더구나 그와 소통 그러니까 통화 하고 있으면 늘 답답했다. 그는 늘 자기 이야기만 했고 늘 들어주기 힘든 '옛날식' 부탁을 했다.

"이번에 말이야 내 친구의 사촌의 아들놈이 말이야, 거 뭐냐 그 유명한 호텔, 거기 취직하려고 원서를 넣었거든. 느그들 기자 아이가. 거가 느그 출입처 아이가. 어째 거 출입하는 후배 기자한테 부탁해서 관계자한테 말이나 함 잘 좀 해봐 줄 수 없겠나."

옛날에는 어쨌는지 모르겠지만 요즘은 그런 '부탁'을 했다가는 공정 경쟁 질서를 해친 사회 파괴범으로 지목돼 바로 모가지 짤립니더, 그런 부탁이 통하지도 않고요, 대체 옛날에는 인생을 어떻게들 사신 겁니까? 하는 말이 목구멍까지 올라왔지만, 참았다. 나는 그가 싫었다.

'소통 맛집'은 어디에

식당은 20년만 넘겨도 '노포'로 불러주고 '맛집'으로도 자리 잡는 게 요즘 풍토인데, 기자 생활 28년 차가 된 나는 이 일이 언제나 지독하게 어렵다. 목적을 이루는 데 번번이 실패하기 때문이다. 언론에 종사하는 사람에게 가장 소중한 목적이 무엇이겠는가?

대화와 소통을 표현한 이미지 @ 픽사베이

바로 소통 아니겠는가. 신문방송학과와 커뮤니케이션학부가 같은 뜻인 것만 봐도 알 수 있다. 그런데 내가 내게 붙인 별명은 다름 아닌 '처참한 홍행 실패의 역사'다.

나름대로 취재해서 기사를 쓰는 동안에는 다음 날 아침이 기사가 나가고 나면 아주 많은 사람이 그걸 읽을 것이며 어떤 식으로든 변화를 겪고 호응을 보내줄 거란 생각에 가슴이 부푼다. 막상 다음 날 아침이 왔을 때 마주치는 그 '고요'를 어떻게 설명할 수 있을까. 독자는 말할 것도 없고 바로 곁 동료 기자들조차 내가 그 기사를 썼다는 것을 모르는 눈치다. 이래 가지고 언제 '소통 맛집'이 될까? 나는 왜 언제나 '소통'에 실패하는가.

아플 통 痛 의 소통

그럭저럭 오랜 세월 문화부 기자로 현장을 뛰면서 나는 한때 소통에 관해 나름의 기준을 가질 수 있었다. 그건 소통 疏通 의 통을 통할 통 通 으로 새기기에 앞서 아플 통 痛 으로 먼저 받아들여야 한다는 원칙이었다.

인터뷰할 때나 대담·좌담 형식의 취재를 할 때, 예술가를 만나 대화할 때, 공연을 볼 때, 언뜻 소통하고 있는 것 같았지만 그런 행위를 하고 있다고 해서 소통이 절로 이뤄지는 것은 아니었다. 절대 아니었다. 그냥 자기 말만 하고 있는 경우가 많았다. 불쑥 전화해서는 "조 기자, 지금 소통 그러니까 통화 좀 되겠나" 운을 뗀 뒤 자기 말만 하던 그 사람처럼, 세상은 소통의 가면을 쓴 불통과 일방통행 천지였다.

그러다 문득, 정말 문득 생각이 왔다. 아! 내가 나를 먼저 깨뜨려야 하는 거구나. 나를 둘러싼 껍질과 장벽과 불통의 사인 sign 을 먼저 걷어버려야 하는 거구나. 거기까지 생각은 했는데, 그 다음 단계가 문제였다. 어떻게 나부터 껍질과 장벽과 불통의 사인을 걷어내지? 호환 마마 못지 않게 무섭다는 '어떻게'의 장벽에 부딪혔다.

그래서 고안한 방법이 '나부터 깨기'였다. 내 부끄러운 이야기, 차마 수줍어 털어놓기 힘든 고백을 내가 먼저 했다. 인터뷰할 때도 그러려고 해봤고, 문화부 기자에게 잦은 술자리 취재 때도 그렇게 해보려고 애썼다.

나부터 깨기

내가 먼저 나를 깨고 내 가슴 속 아픈 기억, 응어리진 상처를 꺼내면 상대방도 비로소 자기 가슴을 열지 않을까. 그렇게 두 사람의 가슴이 오고가는 도중 어디에선가 비로소 소통 疏通 이 일어나 우리를 구원해주지 않을까. 그런 생각이었다.

그런데 '나부터 깨는' 일에는 단점이 있었다. 부끄럽고

여러 인종, 여러 사람

아팠다. 나 자신부터 까발리는 일은 만만하지 않았다. 내 가슴 속 부끄럽고 아픈 것을 먼저 드러내는 일이었다. 그런 이야기를 먼저 꺼냈다가는 자칫 실없는 사람, '오버'하는 기자로 찍힐 수 있었고 그렇게 어렵사리 먼저 꺼낸 나의 아픈 이야기가 상대의 호응을 받을지도 미지수다. 그래서 통할 통通 이전에 아플 통痛, 다시 말해 '소痛'이었다. 어쨌거나 나는 이렇게 아프고 부끄러운 것은 소통을 시작하기 위해 필요한 과정이라고 봤다.

성과가 없었던 건 아닌데, 금세 또 벽에 부딪혔다. 시일이 좀 흐르자, 나는 떠버리가 돼 있었다. 인터뷰나 술자리 취재를 녹음한 파일을 들을 때 특히 괴로웠다. 이건 뭐, 낯이 화끈거려 얼굴을 들기 힘들었다.

녹음 파일 속에서 나는 '나부터 깬다'는 구실로 아무 말 대잔치에 가까운 서툰 곡예를 펼쳤고, 좌중은 행여 기자 뒤에 도사리고 있을 '권력' 같은 걸 염두에 두고 그냥 들어주는 티가 역력하게 났다. 이걸 알게 해준 건 정말이지 녹음 파일의 순기능이었다.

아프게 痛 나부터 깨서 소통의 거름을 뿌리겠다는 뜻이야 어찌 나무라겠는가. 하지만 이대로는 안 된다는 건 확실했다. 여기서 빠져나갈 통로가 필요했다.

천둥 같은 트일 소 疎

그때, 천둥 같은 문장을 만났다. 그 문장은 이러하다.

"疏通 소통 은 疏 소 에서 시작되어 通 통 으로 이어짐을, '소'가 되어야 '통'하게 됨을 나타내는 글자다. 대개 소통을 말하면서 '통'에 무게중심을 두고 '소'는 간과하는데, 그래서는 소통이 이루어지지 않는다. 소통의 핵심은 '소'에 있다. 소는 트다, 열린다는 뜻으로, 이는 나의 마음이나 자세가 어떠해야 한다는 것을 가리킨다.

소통은 상대의 말을 제대로 듣고 그 마음을 읽을 수 있도록 내 생각과 마음을 먼저 비우는 '소'에서 시작된다는 말이다. 이 '소'는 노자가 말한 '虛 허 '와 다르지 않다."

- 2019년 11월 17일 자 국제신문 16면

'정천구의 도덕경, 민주주의의 길'에서

이 글의 충격은 참으로 컸다. 고전학자 정천구 박사는 이 글에서 내가 꿈에도 생각지 못한 점을 가르쳐주었다. 트일 소疏라는 글자가 눈에 확 들어왔다. 소疏가 되어야 통通은 이루어진다. 소疏가 이뤄지지 않은 상태에서 통通이 될 수도 있겠지만, 그 통通은 얼마나 허약하겠는가. 소疏 없는 통通이란 초라하고 무섭고 위험하다.

트인 태도가 없는 데다 권력까지 쥔 사람이 통通만 강조하는 어떤 현장을 상상해보자. 결국, 자기 의사만 강조하지 않겠는가. 그런 통通이란 초라하고 무섭고 위험하다.

무엇보다 트일 소疏의 중요함을 놓치지 않는 이 해석은 '소통'을 수단이나 목표로 보기보다 '과정'으로 인식하게 해준다는 점이 좋다. 그때 '소통'은 밟아야 할 과정이면서 동시에 관점이자 태도가 된다.

통할 통通이 트일 소疏를 품을 때, 비로소 소통은 철학의 대상이자 주제가 된다. 정천구 박사가 위의 글에서 "소통은 상대의 말을 제대로 듣고 그 마음을 읽을 수 있도록 내 생각과 마음을 먼저 비우는 '소'에서 시작된다는 말이다"고 한 뒤 "이 '소'는 노자가 말한 '虛허'와 다르지 않다"고 밝힌 것이 바로 그 예시다.

'나부터 깨기'와 '트일 소疏의 소통'에는 공통점도 있다. 어쩌면 소통을 이해하는 데서 이 공통점이 가장 중요하다. 어떤 경우에도 소통은 '나 자신이 먼저 바뀌는 것'을 전

산복도로 청마우체통 @ 김성효 사진

제로 하는 철저한 실천론이며 상호관계다. 당신은 쇼핑하듯 '소통'을 살 수 없다. 자판기에서 콜라 뽑듯 돈 넣고 '소통'을 뽑아 그것을 '소비'할 수 없다. 그런 상품은 없다. 어디에도 없다.

소통은 당신이 먼저 트인 사람이 되는 '실천'을 한 뒤에야 찾아오는 변화다. 소통은 아프고 부끄러울지라도 먼저 이야기를 꺼내는 사람이 되는 변화를 당신 스스로 감행해야만 찾아오는 '상대방의 변화'다. 그건 서로 엮여서 함께 물결치는 파동 같은 것이다.

내가 변하지 않으면 소통은 없다. 절대로 없다. 이것이 소통이 관계성의 영역이자 실천론인 이유다. 이것이 소통한다는 것이 생각보다 어려운 이유이기도 하다.

공감의 예술 시대

소통이라는 주제를 통해 우리는 또 한 가지 중요한 영역으로 나아갈 수 있다. 그것은 공감이다. 지금부터는 공감과 예술에 관한 이야기를 좀 할 텐데, 소통을 이야기하다가 느닷없이 공감과 예술로 넘어가니 황당하게 보일 수 있다.

하지만 이에 관한 이야기는 이 글에서 간략하게라도 언급해두고 싶은 마음이니 부디 양해해주시기를 바란다.

트인 태도로 남 또는 세계 과 통하는, 소통의 마음과 능력이 없다면 공감할 수 없다. 소통의 능력과 마음이 작을수록, 공감 능력도 약해진다.

나로서는 현인 賢人 이라는 영예로운 호칭으로 부를 수밖에 없는 학자 제러미 리프킨이 저서 '공감의 시대 The Em-

영화〈 일포스티노〉 한 장면

pathic Civilization'를 펴낸 해가 2010년이다. 아쉽게도 이 책을 아직 읽지 못했지만, 그즈음 또는 그 조금 뒤 부산의 예술 현장을 열심히 취재하고 다니던 나는 이상한 느낌을 자꾸 받고 있었다. 이런 것이었다.

어? 천재의 예술 시대가 저물어가고 공감의 예술 시대가 밝아오고 있구나.

여기서 꼭 말해두고 싶은 게 있다. 천재의 예술 시대가 저물어가고 공감의 예술 시대가 밝아오고 있다고 해서 천재가 중요하지 않다는 뜻이 아니다. 박물관의 청동기 시대관에 들어가면, 실제로는 석기 유물이 70%는 넘을 거다. 내가 부산박물관 가서 확인해봤다. 청동기시대에 쓴 석기 유물들이 그만큼 많다. 청동기시대에도 석기는 정말 중요했다. 다만 무기·농기구·제의도구 같은 시대정신을 나타내는 재료가 청동으로 조금씩 바뀌어가고 있을 뿐이었다.

20세기 예술

19세기, 20세기 예술을 내 방식대로 특징짓는다면 '천재의 시대'였다고 나는 표현하겠다. 정보는 제한되어 있었고, 지식은 대량 생산되지 않았고 널리 퍼지지도 않았으며, 시간·공간은 확장되지 않은 상태였고, 사람들은 서로 떨어지고 단절돼 있었다.

그런 시대에 예술은 '천재의 시대'일 수밖에 없다. 1980년대 학생운동처럼 사람들이 이 엄혹한 현실을 몰라서 행동에 나서지도 않으니 경찰의 감시를 뚫고 대학 교정 나무에 올라가 전단을 뿌리며 외치는 형태와 비슷한 면도 있었다. 예술은 천재 중심으로 돌아갔다.

21세기가 되면서 사회와 사람은 놀라운 테크놀로지 발달을 기반으로 '초연결'돼 버렸다. 정보는 무한정이고, 지식은 수많은 사람과 공유되며, 알고 봤더니 이 세상엔 천재가 너무너무 너무 많다는 게 밝혀져 버렸다. 평범한 일반 백성 출신이라고 해도 좋을 개인 크리에이터는 폭발하듯 늘어난다.

이런 시대에 '당신이 몰랐던 걸 알려 줄게, 이게 예술이란 거야' 스타일의 예술은 입지가 좁아진다. 사람들은 어떤 형태로든 이미 그 '지식'을 거의 안다.

20세기까지 많은 관람객은 추상 미술을 보고 그게 어떤 의미인지 모르는 '나'를 부끄러워했지만, 지금 관객은 '어? 저거 무슨 뜻인지 모르겠네. 그럼 다른 거 봐야지' 한다. 나는 백남준 선생이 말한 '예술은 사기다' 담론도 이 관점에서 본다.

권위를 확실히 인정받는 진품은 천재가 만든 것 하나뿐인 줄 알았는데 테크놀로지 발달로 초연결된 시대가 오고 보니 그게 아니더란 얘기다. 속지 말란 거다.

소통과 공감과 흥행

그렇다면 이런 시대의 예술은 어떤 특징을 가질까. 공감의 예술 시대가 왔다. 청동시시대가 온 것과 비슷하다. 우리는 여전히 수많은 신석기를 엄청나게 많이 쓰지만, 무기·제사도구·농기구가 조금씩 조금씩 청동기로 바뀌면서 시대의 원리를 바꾼다.

20세기까지 예술은 난해함·기괴함 같은 요소에 관대했고 이를 숭상했다. 정보가 제한된, 천재 시대였으니까. 21세기 예술은 그런 요소의 비중은 줄고 공감력 비중은 올라갈 것이라고 단순하게 이해해도 된다. 정보가 무한한 초연결 사회에서 당신은 난해해지거나 기괴해지기 어렵다. 사람들이 당신보다 더 똑똑하거나 더 넓게 연결돼 있기 때문이다.

'공감'을 키워드로 놓고 대중예술, 현대예술 현장을 살피면 21세기 들어 이뤄진 예술의 변화가 확연히 눈에 들어올 것이다. 그리고 공감은 소통을 전제로 한다. 이게 중요하다. 소통이 막히면 공감도 어렵다. 결국, 소통력, 소통의 철학, 소통의 마음을 가꾸지 못하면 우리의 공감 창구는 좁아지고, 21세기 예술을 제대로 즐기지도 느끼지도 이해하지도 못할 것이다.

어쨌거나 불쑥 전화해서 "조 기자. 지금 소통 그러니까 통화 좀 되겠나" 하고 묻던 그분은 어떻게 지내고 있을까. 좀 걱정이 된다. 소통의 힘도 기르지 못하신 분이 이 현란하고 홍미로운 21세기를 어떻게 살아갈까.

그리고 또 하나. 나는 언제쯤 홍행에 좀 덜 처참하게 실패하게 될까.

여러 커뮤니케이션 이미지

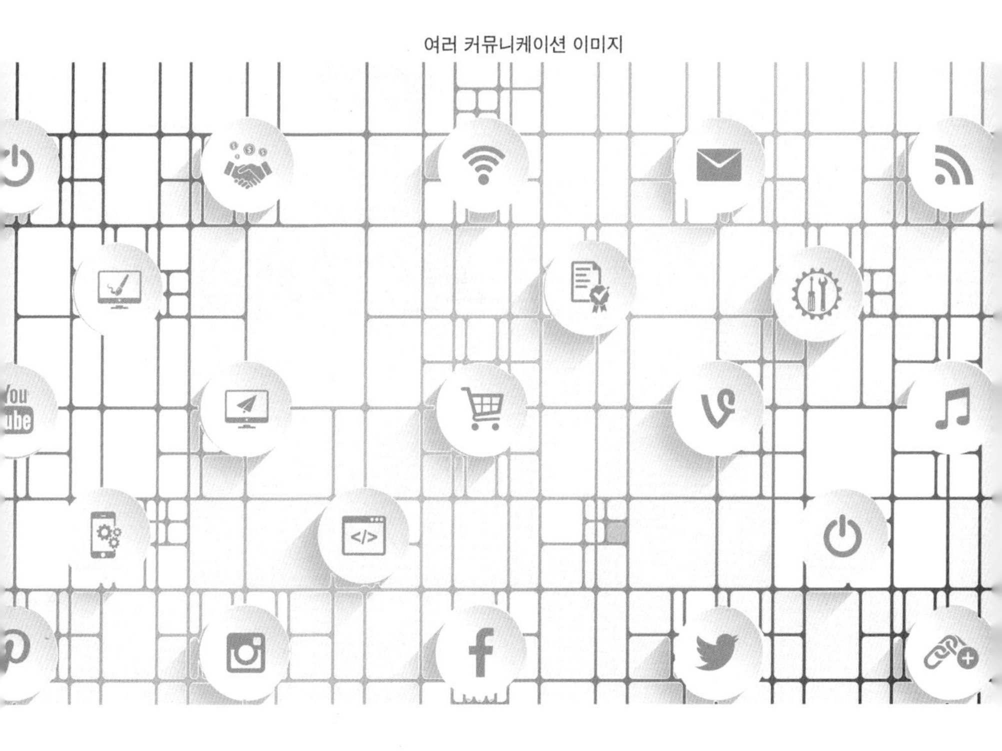

유 숙

대학교 4학년 때 IMF 직격탄을 맞고 잠시 헤매다가 이듬해 98년 송국클럽하우스에 입사를 했다. 지금은 스낵바로 변모한 송국 2대 점빵 주인을 역임하였으며 전, 현직 직원과 회원들에게 강력하게 권유하여 함께 쓴, 『희망을 만드는 사람들』의 대표 저자이다. 현재 '사회복지현장 글쓰기' 운동가로 활동하고 있으며, '정신건강 복지서비스' 크리에이터로 불려지길 바란다. 장래희망은 할머니 피아니스트이다. 현재 송국클럽하우스 소장으로 근무하고 있다. 삽화는 대부분 김군 작품이다.

정신장애인을 바라보는 새로운 '시선'

원고청탁서를 받고 고민이 많았다. 소통이라… 긴 주말 고독한 시간을 보내고 월요일 아침 출근한 회원이 "소장님 소통해요." 라고 나에게 말을 건넨다. 어른들 말씀이 옛날에는 정신적인 어려움을 가진 사람들이 고향마을에 있었고, 동네 주민들과 함께 어울려 살았다고 했다. 하지만 현대사회는 낯선 이들을 경계한다. 독자들이 직접 접해본 적이 없는 정신장애인과의 소통을 위해 어떤 글을 쓸까? 며칠을 생각하다가 '지역사회와 정신장애인이 함께 꿈꾸는 희망공동체'를 소개하기로 했다.

클럽하우스

지금은 군 복무 중인 큰아이가 늘상 엄마는 오지랖이 넓은 사람이라고 말했다. 퇴근하여 그날 송국에서 있었던 일을 이야기하는 나는 시쳇말로 오지라퍼인 셈이다.

나는 98년부터 송국클럽하우스 줄여서 '송국'이라고도 부른다 에서 사회복지사로 일을 하고 있다. '클럽하우스'라? 아마도 골프 라운딩을 연상하거나 아이폰의 수다 모임 클럽하우스를 떠올리는 분들도 계시리라. 정신건강 공동체를 추구하고 있는 클럽하우스는 직접 찾아가 보지 않으면 이해하기 어렵다. 정신장애로 어려움을 겪고 있는 분들이 **멤버** 회원 로 활동을 한다. 정신장애인을 치료와 보호를 받아야 할 대상으로만 보지 않고 클럽하우스 운영에 필요한 모든 일에 자발적으로 참여하도록 권유한다. 이를 지원하는 사회복

지사는 스텝 직원 으로 일을 한다. 모든 회원과 직원들은 원하는 부서에 소속되어 업무를 함께 한다. 올해 두 번의 직원 채용에 회원들이 면접관으로 참여하였고 유튜브 채널 송TV에 크리에이터로 회원과 직원이 파트너로 손발을 맞춰가며 컨텐츠를 제작하였다. 원고를 쓰고 있는 이달 11월 18일 미디토리에서 추최하는 비영리 컨퍼런스에 송국 직원 석 Pd와 회원 홍 Tv가 강연자로 초대를 받았다. 홍 Tv가 오후에 출근을 해야하는 탓에 오전 내내 두 사람은 최종 공동강의안을 검토하였다.

석Pd. 본명 이상석. 송국 스텝이다. 2020년 4월 9일 코로나19로 등교하지 못하는 학생들이 온라인 개학을 하는 시점에 맞춰서 유튜브 채널 송 TV를 통해 온라인 송국클럽하우스 개관을 주도했다. 송국에서 컴퓨터가 고장나거나 아이패드 기능을 알고 싶을 때면 직원과 회원들이 모두가 이상석 씨를 찾는다. 석Pd의 또 다른 별명은 스티브 잡'석'이다.

홍 Tv. 본명 서홍석. 2018년부터 송국클럽하우스멤버로 활동하고 있다. 도전하는 청년이자 현재 동료지원가로 정신장애로 어려움을 겪고 있는 분들을 경험전문가로서 돕고 있다. 유튜브 채널 '요리하는 남자 홍 Tv'를 운영하고 있으며 구독자가 천명이 되었으면 좋겠다는 소박한 꿈을 가지고 있다.

송국 점빵

입사 후 2년 동안 인근에 위치한 정신요양원에 회원들과 주 1회 간식 납품을 했었다. 단연 인기 메뉴는 코카콜라였다. 코카콜라 상자는 무거워 손으로 들기가 힘들다. 1.5L 8개가 들어있는 코카콜라 상자를 등에 업어 배달을 하거나 회원들과 손수레에 담아서 날랐다. 부서 업무를 마치고 옆구리가 떠진 새우깡을 먹는 재미가 쏠쏠했다. 1대 점빵 주인 김경미 선생님 현, 동의과학대학교 사회복지학과 교수 에 이어 2대 알뜰가게부의 점빵 주인을 맡았다. 어느날 띠릉띠릉 송국 전화벨이 울렸다. 회원 한 분이 한동안 활동을 쉬겠다고 하더니 멀리 경기도로 이사를 간다고 전화를 했다. 연락을 받은 그때 소장님께서 그 회원이 '경리 아가씨가 참 잘해줬는데'라고 나에게 안부를 전했다고 했다. 송국에서 나는 점빵 주인이자 경리 아가씨이자 초보 사회복지사였다.

지난 2년간은 코로나19로 외부 활동이 제한되면서 상대적으로 사회적 관계망이 약한 정신장애인의 일상을 지키는 것이 송국 직원들의 최우선 과제였다. 모닝을 타고 부산 전역을 정신없이 누볐다. 외래진료는 잘 받고 있는지, 코로나19 이상증세는 없는지, 외부 활동이 차단된 주말에는 의미 있는 시간을 보낼 수 있도록 문화키트, 밀키트를 들고 가정방문을 다녔다. 이 시기에 정신과 질환이 재발한 사람이 없는 것이 천만다행이었다. 코로나19로 경제적인 타격을 입은 회사에서 일자리를 잃은 회원들을 위해 경기부양책으로 새로운 취업장 개발에 최선을 다했다. 9월 말 현재 66명의 회원 중 36명이 **병원, 은행, 학교시설관리** 등 28곳 **취업장**에서 일을 하고 있다. 요즘은 취업장 방문을 다니느라 송국에서 취업부를 담당하는 직원의 얼굴을 보기가 어려울 정도이다.

궁금하면 500원

아침식사로 삶은 계란 2개 500원, 주먹밥 500원, 한지연 토스트 500원 그리고 2017년 출시된 야채스틱이 500원이다. 야채스틱의 내용 구성은 자유롭다. 제철 과일을 활용해서 사과 반의 반 쪽, 한 입에 먹기 좋은 오이 한 조각, 알록달록한 파프리카를 길게 썰어 투명 컵에 담는다. 재료 단가는 1,000원, 송국 판매가는 500원이었다. 안타깝게도 건강을 위해 고심하여 출시한 야채스틱은 인기가 없어서 6개월 만에 메뉴를 내렸다. 송국클럽하우스 개관 이후 지금까지 점심 식대는 2,000원이다. 김밥천국이 생겼을 당시 1,000원짜리 김밥 두 개를 사먹을 것인가, 송국에서 점심을 먹을 것인가를 고민하는 회원들이 있었다. 작년에 편의점에 8,900원짜리 김밥이 출시되었으니 세월이 많이 흘렀다. 이제는 오르는 물가를 더 이상 감당할 수 없어 내년부터는 무려 1,000원을 한지연 과장이 개발한 토스트 레시피는 다음과 같다. 후라이팬에 버터를 조금 넣고 식빵 2장을 살짝 굽는다. 잘게 채를 썬 양배추에 양파를 조금 넣어 계란반죽과 섞어서 네모 모양으로 구워낸다. 구워낸 재료를 식빵 사이에 넣고 머스타드 소스와 케첩을 적당히 뿌린다. 피클조각을 얹어서 먹으면 더욱 맛있다.

인상하기로 했다. 신선하고 저렴한 재료를 찾아서 3,000원으로 건강한 밥상을 차려야 한다. 클럽하우스 스탠더드 28번 '클럽하우스는 회원들이 건강한 생활방식을 개발하고 유지하도록 돕기 위해 고안된 지원, 활동 및 기회를 제공한다.'에 따라 정신건강과 더불어 신체 건강에 힘쓰고 있다.

흔히들 정신질환자라고 하면 매스컴을 통해 공격적인 사람으로 알고 있거나 막연한 두려움을 가지고 있는 경우가 많다. 2017년 국가 정신건강현황 3차 예비조사 결과보고서에 따르면 정신질환 평생 유병률은 약 25.4%이다. **전체 인구의 25%가 평생에 한 번 정신과 질환에 이환**이 되는데도 정신질환에 대한 정확한 정보 전달이 아직까지 부족해서 생긴 일이다. 송국의 일과는 여느 직장인들처럼 9시부터 시작된다. 회원들은 출근해서 안부 전화를 걸고 스낵바 운영, 소식지 작업에 참여한다. 요즘 뉴스는 어떤 것이 있는지 나누고 부서별로 오전 회의를 하고 업무를 정한다. 청년 정신장애인들은 청·정당당하게 프로그램에 참여하며 혼자 또는 함께 잘 지내는 법을 익힌다. 지난달에는 우1동 YES 봉사단과 회원들이 귤청을 만들었다. 우리 동네에 혼자 살고 계신 어르신과 인근 경로당에 나눠드릴 선물이다. 평소에는 자원봉사자의 도움을 많이 받는데 오늘은 송국의 직원과 회원들이 이웃을 돕는 일에 손을 보탰다. 이번 주 월요일 오후 기업 자원봉사팀이 송국을 찾았다. 2층에서는 담당 회원이 기관 안내를 하였고 3층에서는 지난주 후원받은 사과를 자원봉사팀과 회원들이 열심히 깎고 손으로 다졌다. 향긋한 사과향이 가득했다. 큰 냄비에 설탕을 넣어 조렸고 마지막에 시나몬을 한 스푼 넣었다. 채소, 과일을 좋아하지 않는 회원들에게 건강한 간식이 되어줄, 사과파이처럼 꾸덕하게 만든 잼이 완성되었다. 사과잼은 송년행사 때 회원들에게 나누어 주기로 했다. 자원봉사팀은 다음에도 또 오겠다고 약속을 했다. **정신장애인의 이웃**이 되어주려나? 기대가 된다.

회복의 여정, 힘을 내요 박카스

수업을 마쳤다. 즐거운 마음으로 회원들과 캠프를 떠났다. 석사 동기에게 전화가 왔다. 과제를 했냐고 내게 물었다. 무슨 과제가 있었나? 한참을 생각했다. 옴마야, 통계 분석 자료 제출 마감이 내일이란다. 부담스러운 한 학기 수업을 마치는 날, 모든 학교 일정은 나의 무의식 저편으로 건너갔다. 대형버스와 파란 다마스가 산고개를 넘고 있었다. 2003년 5G가 없던 시절, 통신이 약한지 휴대전화가 끊겼다. 돌아갈 수도 없고, 컴퓨터도 없고, 구약성서에서 에스더의 속마음이 그랬을까? 에라 모르겠다. 즐거운 송국 1박 2일 캠프가 시작되었다.

올해 나의 나쁜 머리를 부여잡고 진행하고 있는 질적 연구가 있다. 인터뷰에 참여한 회원들과 많은 질문과 답을 주고받았다. 코로나19가 끝나면 제일 먼저 하고 싶은 것이 무엇이냐고 회원들에게 물었다. 많은 이들이 주저없이 캠프가 가고 싶다고 했다. 사회적 거리두기로 그동안 문화 활동이 차단된 것이다. 정신질환은 10대 후반, 20대 초반에 많이 발병한다고 알려져 있다. 이 시기는 친구를 사귀고 학업을 하고 미래를 준비하는 시간이다. 여러 차례 입·퇴원을 반복하는 병으로 인해 삶의 기회를 잃어버린 회원들이 송국클럽하우스에서 회복의 여정을 시작하였다. 학창시절 병으로 고생하느라 수학여행도 가지 못했고 비행기도 타보지 못한 분들이 있다. 제주도 1박 2일 캠프를 준비할 때 비행기표를 취소하면 버스표처럼 다른 사람에게 양도할 수 없다는 것을 설명하느라 담당 직원이 애를 먹기도 했다.

부산의 **문화예술**활동을 경험하고 다른 회원들에게 전하기 위해 문화예술단을 결성하였다. 열심히 만든 문화여지도 송국 블로그에서 확인할 수 있다가 마무리 단계에 있다. 정신장애인은 감정 표현이 다소 둔하여 잘 표현하지 못할 뿐 문화 향유에 대한 기본 욕구는 비장애인과 다르지 않다. **평생교육** 프로그램을 통해 '칼림바'를 배운 회원들이 김군의 두 번째 책 출판기념회 때 해운대 주민들 앞에서 축하연주를 하기도 했다. 지난 토요일에는 2022 한국스포츠대전 밸런칭 대회에 출전해서 장애인 부문 은메달을 수상했다. 회원들은 두 달 동안 점심시간마다 임창정의 '트로트가 싫어요'에 맞춰 밸런칭 연습을 했고 대회 출전을 한 주 앞두고는 일과 후 박카스를 한 병씩 마시고 맹연습을 했다. 직장인들도 동아리 활동으로 등산, 배드민턴, 테니스 등 함께 모여 운동을 하지 않는가. 밸런칭과 같은 **체육활동**을 통해 비장애인들과 어울릴 수 있는 기회가 더 많아져 서로를 이해하고 소통할 수 있는 시간이 주어지기를 바란다.

동료지원가 백과사전

동료지원가 백과사전 이하, 동백 은 정영환 씨가 주축이 되어 모이고 있는 자조 모임이다. 모임에 대한 소개를 직접 들어보자.

유 숙　정영환 씨 본인 소개 부탁드립니다.

정영환　저는 송국클럽하우스에서 2014년부터 활동하고 있고 '침묵의소리' 부회장을 역임하였습니다, 현재 해운대구 정신건강복지센터에서 동료지원가로 근무하고 있습니다. 정신장애인 당사자입니다. 정신장애인을 바라보는 사회적 시선은 녹록치 않습니다. 당뇨병을 앓고 있는 사람이 자신을 당뇨병 환자라고 소개하지 않듯이 사랑하는 조카들이 자랐을 때 삼촌으로 떳

떳할 수 있도록 정신장애인에 대한 편견 개선 운동에 앞장서고 있습니다. 누군가의 삼촌, 동네 아재로 불리기를 희망합니다.

유 숙 동료지원가 백과사전은 어떤 모임인가요?

정영환 경험 전문가로서 정신질환을 앓고 있는 동료를 돕기 위해 공부하는 모임입니다. 저는 30대 초반에 발병을 했습니다. 비교적 늦은 나이에 병이 난 것은 불행 중 다행입니다. 대기업을 다니다가 그만두고 부산 백병원에 입원을 했습니다. 저도 나름 프라이드가 있는 사람인데 그 당시는 저 자신이 마치 병이라는 태풍을 만나서 부서진 배 같다고 느껴졌습니다. 회복하는 과정에 많은 분들이 도움을 주셨습니다. 받은 도움을 동료들과 나누고 싶은 마음이 큽니다. 경험 전문가로 발전하는 동료의 모습을 보면서 저도 보람을 느낍니다.

유 숙 인문무크지 아크에서 '소통'이라는 주제로 글을 써달라는 원고 청탁을 받았습니다. 정영환 씨는 정신장애인과 지역주민의 소통을 위해서 어떤 노력이 필요하다고 생각하시나요?

정영환 정신장애인에 대한 미디어의 왜곡된 표현을 바로잡기 위해 2021년 9월 정신장애보도 미디어 가이드라인 2.0을 발표했습니다. 자살 권고 기준과 같이 기자들이 정신장애와 관련된 기사를 작성할 때 기준이 되었으면 해서입니다. 추후 모니터링 활동 등을 통해서 오류를 잡고 바른 정보를 제공하는 것이 소통의 시작이라고 생각합니다.

유 숙 감사합니다.

지역사회와 정신장애인이 함께 꿈꾸는 희망공동체

송국으로 이용 문의전화가 왔다. 국적이 미국이란다. 그동안 다문화가족, 이주노동자들의 정신건강 지원에 대한 지역의 요구는 꾸준히 있었다. 드디어 송국에서도 우연히 찾아온 다양한 문화적 배경을 지닌 회원에게 때마침 준비된 서비스를 제공해야 할 때가 된 것이다. 부산시에 외국인이 정신

◇ 정신장애보도 미디어 가이드라인 2.0 ◇

1. 인격장애와 정신질환을 묶어서 보도하지 않는다.
2. 정신질환과 범죄와의 인과관계를 팩트체크하여 기사를 작성한다.
3. 정신장애에 관한 정확한 의학적 용어와 사실을 정신건강 전문가에게 확인하고 해당 내용에 따라 당사자 단체의 의견을 반영하여 기사를 작성한다.
4. 보도 제목에 정신장애에 대한 공포, 불안, 혐오와 같은 부정적 이미지를 부각시키지 않는다.
5. 보도 내용에 정신장애에 대한 부정적 편견을 강화시키는 이미지, 영상, 음향을 사용하지 않는다.

※ 정신장애에 대한 인식 개선과 지원 정보 제공을 위해 기사 하단에 도움받을 수 있는 기관과 긴급상담 전화번호를 명시하여 주시기 바랍니다. (정신건강 상담전화 1577-0199)

2021.09.28. 국제신문 게재

재활시설 서비스의 대상자인지 문의를 해두었다. 안 되면 다른 방법을 찾아야한다.

돌아오는 전체 회의 때는 부서별로 2022년 부서 평가와 다음해 계획을 발표하는 날이다. 어떤 재미난 아이디어를 담은 사업을 가지고 올지 궁금하다. 내년에는 불통을 넘어 화통하게 지역주민들과 소통할 수 있도록 사회복지 유관기관, 협동조합, 기업과 함께 생태복지&기후위기 네트워크를 구축하고 생태복지실천이 부산지역 사회복지 시설의 운영철학으로 자리매김할 수 있도록 새로운 시도를 하고자 한다. 희망공동체에서 **정신장애인과 부산시민의 소통** 이야기는 앞으로도 계속 이어질 것이다.

송국
클럽하우스
이·마트
김군
2022

고윤정

도시를 좀 더 문화적으로 바꾸는 일에 관심이 많다. 현재 영도구에서 문화도시 센터장을 맡으며 덜 외롭고 더 존중받는 관계망, 다양한 문화 일거리가 생기고 도시를 애정하는 사람을 늘이는 것에 주력 중이다.

소통의 기술

필자에게 한국 사회의 가장 큰 문제가 뭐냐고 묻는다면 전 영역에 사회 갈등 심화라고 답하겠다. 갈등이 나쁜 것이 아니다. 때로는 격렬히 싸워야 될 때가 있다. 문제는 대안 없는 싸움이다. 대안 없는 싸움은 감정만 남아 서로를 신뢰하지 못하고 나아가 혐오하게 된다.

국제연합 산하 지속가능발전해법네트워크 SDSN 에서 매년 6개 지표를 기반으로 「세계 행복 보고서」를 발간한다. 올해 보고서에 한국은 일본에 이어 59위를 기록했고, 어김없이 북유럽이 상위권이다. 왜일까? 전문가들은 신뢰 지수를 원인으로 언급한다. 국가가 국민을 지켜줄 것이라는 믿음, 자유로운 선택과 사회안전망에 대한 믿음, 타인에 대한 신뢰와 사회 응집력에 대한 믿음이 한국 사회에 부족하다고 진단한다.

팬데믹 이후 불평등 격차가 더욱 벌어지고 치솟는 금리로 많은 국가에서 사회 갈등이 심화되고 있다. 지금, 한국 사회는 위험 수준에 이르고 있다. 그야말로 '분노 사회'다. 뉴스를 지켜보기 힘들 정도로 이념, 세대, 젠더 갈등이 크고,

맥락 없는 편 가르기와 가짜 뉴스가 판을 친다. 경제학자들은 신뢰를 사회적 자본이라 부른다. 모든 거래는 상대방이 이행하지 않을 위험성이 있고, 위험을 대비하는 과정에 비용이 발생하는데 신뢰가 높을수록 지출이 줄고 거래가 활성화되어 경제가 발전한다는 이야기다.

아이를 낳아도 국가가 함께 키워주지 않을 것이라는 생각이 저출생을 키우고, 안전한 연인 관계에 대한 두려움이 연애와 결혼을 주저하게 한다. 세대 격차는 외로움을 키우고 고립감 해소를 위한 사회적 비용을 부추긴다. 가족이든 회사든 국가든 위기는 늘 따라오지만, 함께 해결할 수 있다는 신뢰가 통합의 승패를 좌우한다.

신뢰를 회복하기 위한 방법을 고민해보자. 10명 중 8명은 '소통'의 중요성을 언급할 것이다. 남녀노소, 정치, 재계, 소득, 학력 관계없이 소통이 중요하다는 것을 알고 있지만 왜 어려울까. 소통은 언어적·비언어적 방법으로 송신자가 수신자에게 생각이나 감정 같은 정보를 전달하고 수신자가 반응하는 일련의 과정을 말한다. 소통이 안 되는 상황은 송신자가 아무리 정보를 발신해도 수신자가 무관심할 때, 송수신자 모두 불신할 때 발생한다. 다시 도돌이표다. 신뢰를 회복하기 위해 소통이 중요하지만, 소통이 어려운 이유는 불신이다. 그렇다면 소통해야 한다가 아니라 어떻게 소통할 것인지에 대해 고민해야 한다.

필자는 먼저 한국 사회에 더욱 많은 공론장이 이루어져야 한다고 믿는다. 더 뜨겁고 더 지속적으로 이루어져야 한다. 디지털 시대에 이슈화는 쉽지만 짧게 끝난다. 이슈가 된 사건은 기억에 남지만 보완할 수 있는 후속 조치는 미약하다. 이슈가 되는 주요 사건들이 바로 갈등으로 드러나지만, 공동체가 주는 가치를 복기하고 회복하는 방안을 짜는 것은 부족하다.

문제는 이런 사회적 합의 과정이나 공론장을 비효율적으로 보는 정책적 시선과 비효율적인 과정 설계에 있다. 최근 문화정책으로 문화도시 2.0 계획안이 발표됐다. 문화도시 사업은 지역 문화진흥법에 근거해 지역 고유의 자산을 활용하고 지역 공동체를 활성화해서 문화적으로 도시 발전을 이루는 목표를 가지고 2020년 첫 지정 도시를 정한 사업이다. 프로젝트 중심, 중앙 하달 중심의 사업 형태를 벗어나 지역이 직접 5년이라는 장기 관점에서 문화정책을 설계하고 실행할 수 있는 구조였다. 이렇다 보니 타 문화 사업에 비해 시민 참여와 거버넌스를 굉장히 강조했다. 왜냐면 시민력을 키우는 것이 도시 발전에 중요한 원동력이기 때문이다.

이런 방향에 맞춰 완주에서는 시민 배심원제, 칠곡에서는 시민 추진단, 필자가 있는 영도에서도 시민들과 함께 의제를 설정하고 실행해보는 프로세스를 갖추게 되었다. 갈등도 발생하고 단기간에 사업 성과를 기대하기 힘들지만 참여한 시민들의 문화 역량이 증진되고 도시의 다양한 문제를 함께 해결해 보는 협력의 경험을 통해 '연결된 이웃'이 되었다. 그런데 지난 11월에 발표된 문화도시 2.0에서는 거버넌스와 시민들이 함께 참여하는 과정 중심의 사업을 비효율적으로 적시하고 실질적이고 명확한 성과 중심의 사업 전환을 요청했다.

세금이 투여된 만큼 성과는 마땅히 따라야 하는 부분이지만 시민들과 함께 도시 의제를 고민하고 갈등을 회복하는 공론장을 개최하고, 의제를 선정해 실천해나가는 과정을 비효율로 짚은 점은 매우 아쉽다. 시민 참여와 거버넌스를 마치 진보의 언어로 오인해 '시민', '공동체', '마을'이라는 단어가 들어가는 사업이 폐지되는 경우도 왕왕 발생하고 있다.

미국의 정치학자 로버트 데이비드 퍼트넘은 사회적 자본의 개념을 거시적 측면으로 확대해 '시민 참여'라는 요소를 사회적 자본의 주요 개념으로 제시하면서, 사회적 자본을 형성하는 것이 효율적인 민주주의를 작동하기 위해 반드시 필요하다고 주장했다. 우리 사회는 더 많은 공론장과 더 다양한 형태의 시민 참여가 확산되어야 한다. 이것은 정치적 언어도 유행도 아닌 '가야 할 길'이라는 것을 잊지 말아야 한다.

소통을 위해 두 번째로 필요한 것은 문화다양성 가치를 중요하게 반영하고 확산하는 것이다. 사회적 배제는 가난, 실업 등 사회 경제적 요인도 있지만 문화적 요인도 크다. 차별과 혐오, 집단 이기주의, 정체성과 자부심의 상실, 빈곤의 내면화 등이다. 내가 사는 아파트가 나를 말하며, 내가 타는 차가 나를 말하며, 내가 입는 옷이 나를 말한다고 미디어에서는 줄곧 말한다. 그래서 좋은 아파트, 좋은 차, 좋은 옷을 입으면 만족스럽다 느낀다. 끊임없이 구별지으며 다른 이들보다 월등한 무엇을 찾고 공유해 나가는 것이 자부심을 높이는 방식이었다. 이런 구별 방식은 사회에 훨씬 빠르게 전염된다.

공정의 논리가 사회적 신뢰를 회복하는 데 도움이 되기 위해서는 출발선이 다르다는 명확한 인식이 필요하다. 인종, 민족, 나이, 성별, 장애 유무, 지역, 가족 형태 등에 따르는 문화적 정체성을 인정하고 배제되지 않도록 노력해야 한다. 최근 프랑스 파리 시장 안 이달고의 정책 공약이 큰 반향을 일으키지 않았나. '평등, 연대성, 근거리 서비스'에 기반한 '모두의 파리'를 도시 정책 핵심으로 선정했다. 아쉽게 한국 사회에서는 근거리에만 초점을 맞춘 느낌이 있지만 어찌되었든 국제사회의 도시 정책 변화를 우리는 목도하고 있다. 함께 잘 사는 것, 유엔 SDGs 지속가능발전목표 의 슬로건인 '단 한 사람도 소외되지 않도록'이라는 문구를 잘 기억하자.

「문화적 표현의 다양성 보호와 증진에 관한 협약 유네스코 2005」에 보면 "문화다양성은 민주주의, 관용, 사회정의, 민족들과 문화들 사이의 상호 존중이라는 틀 안에서 번성하는 것이다." "문화다양성은 풍요롭고 변화무쌍한 세계를 창조하고 선택의 범위를 늘여주며 인간의 능력과 가치를 증대시킨다."라는 내용이 있다. 여기서 문화다양성은 '문화 간 공존' '새로운 문화 창조'를 중요 가치로 설명한다. 더불어, 문화다양성은 인류의 평화로운 공존을 위한 핵심 조건으로 추상적 차원에 머물지 않고, UN 및 유네스코의 국제적인 협약과 이행이라는 규제로 실천 방안이 활발히 논의되고 발전되어 왔다. 다시 말하자면 문화다양성은 도시의 지속가능성을 담보하는 핵심이며, 가치이자 관점이고 태도이자 실천이라는 이야기다.

단일 민족에 지연·학연이 강조된 한국 사회 특유의 연줄망 네트워크가 희박해지고 있다. 케케묵은 영호남 지역 갈등이 정치 이슈에서 떠났고 출신 고등학교 동창회 모임도 줄고 있다. 연줄망이 연결망으로 전환 중이다. 취향으로 만나는 인터넷망에서 서로가 훨씬 빠르게 연결되지만, 익명성 탓에 차별과 혐오 문화도 빨리 확산된다. 우리는 문화다양성이 확보되는 연결망 경험이 많아져야 한다. 소통은 서로 '안전'하다고 확신할 때 밀도 있게 진행된다.

문화다양성이 반영된 안전한 연결망을 위해서는 룰이 필요하다. 사회적으로는 차별금지법 형태이고 조직에서는 다양성 원칙을 세울 필요가 있다. 필자가 근무하는 센터에서는 평등 선언문이라는 이름으로 상호 반대말이나 개인 정보를 캐지 않는 것, 성별과 장애에 대한 차별적 발언을 하지 않는다는 약속을 하고 있다.

한때 한국 사회는 거버넌스 만능주의에 빠진 적도 있다. 각종 민관 협의체와 위원회가 생겨나고 기능적으로라도 주민 대표 일부를 참여시키기도 했다. 그런데 살펴보면 대개 비슷한 연령과 성별 또는 경제적 여건을 가진 이들이 주로 참여한다. 이렇다 보니 편중된 의사결정이나 구태의연한 제안들로 채워지기 일쑤다. 뻔한 사람, 뻔한 이야기에 다른 의견과 다른 생각을 가진 사람들은 입을 다물기 마련이다. 이럴 때 인구학적으로라도 다양성을 맞추다 보면 도시 의제를 다양한 시민 입장에서 해석하고 방안을 찾아 나갈 수 있다.

인구학적인 다양성보다 더 중요한 것은 인지적 다양성이다. 동일한 지향이 갖추어지려면 생각이 다양한 사람과 마주칠 필요가 있다. 아이들이 좀 더 행복한 세상이 되었으면 좋겠다는 동일한 지향을 가지고는 있지만 이 문제를 해결해 나가기 위해서 어린이집 교사도, 문화예술교육자도, 정치인도, 학부모도 같이 참여한다면 다각적인 해석을 할 수 있다. 여기에 당사자성을 더하는 노력을 더 해보자. 장애인 문제에는 장애인이, 아이들 문제는 아이들이, 청년 문제는 청년들이 직접 참여하고 그들에게 의사 결정의 중요한 권한을 주는 것. 그것이 문화다양성을 반영한 의사결정 체계에 필수적 요인이며 서로를 이해하는 룰이다.

마지막으로 동등한 시선에서 만나는 경험의 중요성을 이야기하고 싶다. 소통이라는 것은 결국 단절된 사람과의 관계 회복이다. 그러기 위해서는 편견이나 오해를 걷는 노력이 전제되어야 하고 그만큼 자주 만날 기회가 보장되어야 한다. 최근 베를린을 방문한 적이 있다. 도보로 산책하고 주요 미술관을 방문하면서 느낀 점은 지하철에서도 도로에서도 관광지에서도 많은 장애인을 만날 수 있던 점이다. 그 누구도 그들에게 불편한 시선을 보내지 않았고, 공공시설에서는 안

내원이 이들의 이동을 도왔다. 그들에게 불편한 시선을 보내지 않았던 것은 그만큼 그들이 주변에 많이 살고 있다는 것을 경험으로 체득한 덕분이라고 생각했다. 부산에 살면서 장애인을 만나는 경험은 극히 드물다. 그렇다 보니 여행을 하고, 외식을 하고, 취향을 즐기는 그 당연한 권리에서 장애인을 함께 생각해보기 어렵다.

최근 재미있게 본 드라마로 〈이상한 변호사 우영우〉가 있다. 자폐를 미화했다는 비판도 있지만 시청자들에게 장애인이 이 사회 속에서 함께 살고 있다는 자각을 줬다. 미디어 환경에서 이런 문화다양성 접근은 한 뼘 더 가까운 소통의 장을 마련했다. 다양한 공론장이 형성되었고 장애인 이동권을 요청하는 지하철 시위에 시민들의 인식을 조금이나마 전환할 수 있도록 도왔다.

앞으로 또 얼마나 많고 때로는 심각한 사회 갈등이 발현될지는 모르겠다. 예측해보면 개별화, 익명화되는 흐름에서 더욱 심화될 것으로 보인다. 그래서 우리 모두에게 단절에 대비한 소통의 근육이 필요하다. 더 많은 공론장이, 더 많은 시민 참여가, 더 확산된 문화다양성 감각으로 자주 부딪치기를 바란다.

김지현

소설가다. 1인 출판사 '네시오십분' 대표이며, 부산작가회의 사무차장과 문예지『작가와사회』편집장을 맡고 있다. 2019년, 부산일보 신춘문예 소설 부문 당선, 등단했다.

흰 콩떡 먹기

"그런데 아버지는 왜 가출한 거예요? 진짜 집에 밥이 없어서?"

2019년 부산일보 신춘문예에 소설이 당선된 후 청년들의 창작 모임에 초대되어 받은 질문이었다. 당선작 「흰 콩떡」을 읽고 만나 청문회? 같은 느낌으로 질문과 답을 주고받으며 열띤 시간을 보냈다. 부모님을 생각하며 쓴 소설이었기 때문일까, 나와 동시대를 살아가는 세대에겐 어떻게 읽히는지 예상하지 못한 채로 마주한 자리에서 내가 느낀 건 그야말로 '세대 차이'였다.

「흰 콩떡」은 화물차 기사인 아버지가 가출하자 아버지의 흔적을 좇으며 찾아 나서는 딸의 이야기이다. 대부분의 시간을 화물차에서 홀로 생활하며 가족들과 소통하지 못하는 아버지가 아무도 없는 집에서 혼자 라면을 끓여 먹고는 설거지를 하다가 문득 가출한다. 보란 듯이 화물차 열쇠꾸러미를 식탁 위에 올려두고는. 이 상황에 대한 추측은 딸인 '나'의 시선으로 소설 초입에 압축적이고 간단하게 설명하고 넘어간다. 밥알이 말라붙어있는 빈 밥솥과 라면을 끓여 먹은 흔적,

설거지를 하다가 집어던진 것 같은 이 빠진 그릇. 그리고 쓰레기통에 처박혀 있는 쉰 흰 콩떡 한 팩. 이런 지표들을 펼쳐놓고 추리게임하듯 상황을 유추할 수 있도록 말이다.

그런데 누구나 순순히 첫발을 들여놓을 거라 생각했던 지표들 나름 상황을 짐작하는데 충분하고도 넘치는 단서들이라고 생각했다 이 시작부터 통하지 않았다는 사실에 당황할 수밖에 없었다. 20대 후반에 들어선 나와 20대 초입에 들어선 이들과는 채 10년도 되지 않는 적은 시간의 여백만 있을 뿐이라고 생각했는데, 그 적은 간극에도 시대와 생각은 크게 변화하고 있는 듯했다. 구세대의 일방적인 소통 방식의 너머를 '알긴 알지만' 이해하기 힘든 '나'와 더 이상 그러한 소통 방식을 '알아차리지도 못하는 알려고 하지 않는' 후배들. 이러한 변화 앞에서 끝내 아버지를 찾아 흰 콩떡을 꾸역꾸역 먹어내는 '나'의 노력은 다소 힘 빠지는 일처럼 보였다. 후배들의 명쾌한 물음 덕분에 말이다. "그게 집 나갈 일이야?"

"떡 무라." 아버지는 내 쪽을 쳐다도 보지 않고 그렇게 말했다. 눈물을 소매로 훔치고 떡 비닐을 뜯었다. 아이 주먹만 한 콩떡을 한 입 베어 우적우적 씹었다. 텁텁한 콩 잔해가 쫀득한 떡에 비벼져 고소했다. 한 개를 모두 삼키고, 다시 한쪽을 베어 물었다. 아무 생각도 차오르지 않았다. 그저 아버지가 떡 무라, 해

서 떡을 먹었다. 김지현, 「흰 콩떡」, 『파브리카』, 호밀밭, 2022, 40쪽

아버지의 삶을 작은 흔적들을 통해서 조금이나마 이해해보려 한 이야기는 생각보다 다양한 논란?과 고민을 마주하게 했다. 어느 가을밤, 작은 도서관에서 20대부터 60대까지 한자리에 모여 「흰 콩떡」을 놓고 열렬한 논쟁이 벌어졌다. 아버지는 왜 가출했는지, 아버지가 던져 준 흰 콩떡을 과연 먹을 것인지, 아버지를 찾아 나서긴 할 것인지 등 아버지의 삶 그 자체보다 세대 간의 소통 방식에 대한 이야기가 전면에 올랐다. 20대 참가자는 '굳이 아버지를 찾아 나서진 않을 것 같다고 했고 흰 콩떡은 먹긴 하겠지만 좋아하지 않는다고 말하겠다.' 와 '먹지 않겠다,'로 나뉘었다. 60대의 참가자는 마지막에 딸이 흰 콩떡을 다 먹어주어서 너무 고마웠노라고 눈물을 보이며 말하셨다. 그래도 자식들이 부모 마음을 알아주는구나 싶었다고. 그 광경을 지켜보던 한 40대의 참가자는 매섭게 말했다. 당신은 자식들이 알아주길 바라지 않겠다고. 알아주기를 '강요'하지 않겠다고.

가부장적 질서가 견고했던 지난 시대 아버지들의 폭력적인 표현법과 희생과 사랑이라는 이름으로 또 다른 희생을 강요했던 어머니들의 소통 방식을 질리도록 경험한 사람이 내린 결론 앞에 쉽사리 말을 얹는 사람은 없었다. 다만 그 단단한 결론, 지난 시대의 올바르지 않은 관습에 대한 이성적

판단과 시대의 변화를 이해하고 소통에 대한 깊은 고민을 한 사람의 목소리에 어쩐지 알 수 없는 의구심이 드는 것은 왜였을까. 그러니까 '바라지 않는 것' '기대하지 않는 것' 더불어 '구세대의 표현 방식을 모두 부정하는 것'을 우리는 새로운 소통의 태도로 삼아도 되는 것일까?

솔직히 말하자면 나는 흰 콩떡을 꾸역꾸역 먹는 딸이었던 적이 없다. 어릴 적부터 하고 싶은 말과 행동은 꼭 하고야 마는 "잘못했다"는 빈말 한 마디를 안 해서 매를 버는 애물단지였다. 기성세대의 눈으로 보자면 밀레니얼 세대의 표본이었을까. 어린 마음에도 나의 생각을 말하는 것이 어째서 '말대꾸'인지 이해할 수 없었다. 부모 **구세대** 는 자식에게 손쉽게 감정과 생각을 표출해도 되고 자식 **신세대** 은 어째서 반대로 해선 안 되는지. 공경과 예절을 강요하는 관습, 선배 세대의 생각은 무조건 '옳다'는 선험적 경험에 대한 맹목적인 신뢰가 신세대를 향한 '가르침'이라는 강박으로 이어져 신세대의 반발을 불러일으킨다. 물론 신세대의 입장에서 보자면 그렇다.

"시대가 변했어, 엄마." "지랄도. 시대가 변하면 무조건 너거가 다 맞는기가?" 하는 말까지 나오면 나는 입을 닫고 자리를 피했다. 그렇게 공전하는 지구와 달처럼 끝까지 우리는 좁혀지지 못한 채 서로를 겉돌 것 같았다. 김지현, 「누수」, 『파브리카』, 호

밀밭, 2022, 60쪽

신세대 역시 반발심으로 무장한 채 구시대의 유물들을 걷어차기 바쁘다. 지나간 시대의 가르침이므로 새로운 시대에는 통하지 않는다는 인식이 믿음처럼 굳어져 가고 있다. 어느 쪽의 생각이 옳고 그르고를 떠나 세대 간을 가로지르는 공통된 문제는 있다. 세대 인식을 걷어내고 동등한 존재로 소통을 해본 경험이 없다는 것. 세대를 마치 단절된 서로 다른 세계로 인식한다는 것이다. 새로운 시대와 생각은 구시대의 학습과 반성을 발판으로 만들어졌다는 사실에 대한 자각이 구세대와 신세대 모두에게 부족한 듯하다. 실은 우리는 연결되어 있다는 것. 어느 쪽이 어느 쪽의 우위를 선점하는 것이 아니라는 사실. 시대의 변화에 따른 서로 다른 문화와 가치관에 대한 동등한 인정과 이해 대신 스스로가 속한 세대를 우위에 두려고 한다.

조금만 더 밀레니얼 세대의 입장에서 말해 보자면 건강한 소통에 대한 학습이 부족한 건 사실이다. 존중이 구세대만의 전유물이 아닐 텐데 신세대에겐 동등한 존재로서 구세대로부터 존중받아본 경험이 적은 것 같다. 물론 언젠가는 신세대였을 지금의 구세대에게도 마찬가지였을 것이다. 세대 간의 연결은 오랫동안 위계의 형태로 이어져 왔으니까.

그러니까 새로운 세대의 출현이 늘 문제적인 건 위계 구조의 위쪽에 앉아 있는 이들에게 그렇다.

새로운 세대는 구시대의 모든 것을 부정하지 않는다 부정할 수 없다. 무시하거나 새로운 것만 옳다고 주장하는 것이 아니다. 옛 시대의 발판 없이 전혀 새로운 시대란 불가능한 것이니까. 새로운 생각만이 무조건적으로 옳은 것은 아니다. 다양한 시대를 거쳐 서로 다른 역사를 가진 존재들이 함께 살아가는 세상에서 절대적으로 옳은 것은 없으니까. 다만 존중과 이해가 오랫동안 그래왔던 것처럼 한 쪽의 일방적인 주입으로 가능해지는 것은 아니다.

내 삶에 큰 변화를 일으키고 살아가는 방식에 큰 가르침을 준 선배들을 떠올려 본다. 연구실을 함께 쓰는 동안 의례적으로 모두의 쓰레기통을 비우고 자리 청소를 하는 내게 '넌 청소를 하러 온 사람이 아니야'라고 말하셨던 선생님, 공식적인 자리에서는 늘 동등하게 '선생'이라는 호칭을 붙여 부르며 존중해주는 선생님들, 후배에게 기대하는 숱한 '당연함'들을 당연하게 생각하지 않는 선배들. 가르치려고 하지 않았지만 내가 배움을 얻었던 사람들, 존중을 바라지 않았지만 내가 존경하는 사람들. 행동으로 보여주었던 진짜 어른들.

그들에게서 배운 마음으로 기대하는 사람들, 바라는 사람들을 다시 마주해본다. 공감과 이해의 태도가 모난 소통의 방식을 마냥 받아들이는 것은 아닐 것이다. 내가 배운 어른들을 열거하며 그와 같은 태도가 옳다고 주장하는 것 또한 또 다른 '기대'와 '강요'일 테다. 사람과 사람 간에, 소통이라는 장 안에서 알아주길 바라는 마음과 기대하는 마음을 오롯이 제거하는 것은 과연 가능한 일일까? 그런 마음이 제거된 어떤 '순수한' 상태의 소통이란 있는 것일까? 교훈적이고 뻔한 답을 쉽게 찾고 싶진 않다. 물론 정답은 없을 것이다. 우리는 과한 애정을 주고 기대를 품는 부모를 지긋지긋해하면서도 수많은 위태로운 순간, 불안정한 순간들에 그 큰 마음을 찾게 될 것이다. 새로운 시대를 잘 꾸려나가면서도 위기의 순간, 힘겨운 순간들에 과거의 시대에서 답을 찾아내기도 할 것이다. 계속해서 새로운 세대의 등장을 조명할 것이고 세대 간의 연결과 소통을 고민할 것이다. 지금의 신세대인 미래의 구세대는 마찬가지로 비슷한 공격을 받을 것이고 우리는 미래의 신세대를 문제 삼게 될 것이다. 지나간 세대는 새로운 세대의 걸림돌이면서 변화하는 세대를 단단하게 지탱해주는 뿌리이기도 할 것이다.

다시 흰 콩떡으로. 화물 배차 시간에 맞춰 장거리를 운전하고 기다림을 반복하는 아버지에게 흰 콩떡은 든든한 끼

니이자 특별한 음식이다. 아버지에겐 단순한 떡 이상의 의미가 있을 것이다. 노동에 필요한 에너지를 주는 이로운 음식이자 가족들이 몰라주는 자기만의 힘겨운 시간의 애환이 떡 한 팩에 담겨 있다. 떡을 건넨다는 건 그 시간들, 가족들을 생각하는 마음과 그 마음을 알아주었으면 하는 마음을 건넨 의미였을 것이다. 자식들에겐 앙꼬나 고물도 없이 텁텁한 콩 두어 개가 박힌 맛없는 떡일 뿐이다. 마주하기엔 부담스럽고 버거운 마음일 것이다. 받아들이고 싶은 마음의 준비와 상관없이 일방적으로 강요된 기대였을 것이다. 부모의 희생이 자식들을 위한 것이라는 사실 때문에 자식들은 그 기대에 꼭 부응해야만 하는 걸까. 꼭 그 떡을 울어가며 다 먹었어야 했느냐는 질문에 다시 한 번 서 본다. 다시 돌아간대도, 그 떡을 먹을 것 같다. 일단은. 일단 먹어볼 것이다. 그리고 말할 것이다. "아빠, 난 꿀떡 좋아해."

'어디. 대리로 갈가.'

요즘 아버지와의 카카오톡 대화창에 절반은 '어디'와 '대리로 갈가'다. 날짜만 바뀔 뿐 '어디'를 무한 반복하고 가끔 '대리로 갈가'가 섞여 있다. 주로 내가 늦은 시간까지 밖에 있을 때다. 문자를 주고받기 시작한 건 불과 몇 년 되지 않은 일이다. 스마트폰 문자를 치는 게 익숙지 않은 59년생 아버지는 철자가 조금 헐거운 언어를 구사한다. '언제 맞처'나 '압빠지금 밀면먹으로가는대 갈래' 같은. 발음대로 읽어보면 왠지 웃음이 피시식 새 나오는 '아빠체'다. 돋보기를 콧대에 걸치고 양미간을 좁힌 심각한 표정을 한 채 손가락 하나로 스마트폰 화면에 문자를 누르는 아버지의 모습이 그려진다. 어쨌든 아버지도 새로운 소통을 시도하는 중이다.

차윤석

공간, 그리고 소통

이한석

육지와 바다의 매개 공간,
워터프런트

김종기

소통 :
억압, 차별, 배제를 넘어

조재휘

〈접속〉1997 에서
〈헤어질 결심〉2022 으로

심상교

신은 존재한다.
고로 나는 소통한다.

차윤석

부산대학교 도시공학과를 졸업하고 도시디자인을 공부하기 위해 베를린공과대학 건축학과로 유학해 학부와 석사 과정을 마쳤고 이후 여러 건축사무소에서 실무 경험을 쌓았다. 단독주택부터 대형 쇼핑몰까지 여러 스케일의 건축 작업과 아부다비 메트로 프로젝트, 카타르 루자일 경전철 프로젝트 등의 도시 스케일 작업에 참여했고 독일 건축사를 취득하였으며 귀국 후 동아대학교 건축학과 교수로 재직 중이다.

공간, 그리고 소통

'소통'이란 단어가 우리 사회에 회자되기 시작한 것이 그렇게 오래된 일은 아닌 것 같다. 하지만 사회 전반에 걸쳐 '소통'이 큰 '화두'가 되었다는 것은 분명한 사실이며, 오늘날 대부분의 사회문제가 소통의 부재로부터 시작하니 '소통'을 통해서 이런 문제들을 해결하고자 하는 시도 자체는 높이 평가를 받아야 할 것이다. 물론 건축이나 도시 또한 이러한 사회문제의 범주에서 벗어나지는 않는다.

하지만 가장 큰 문제는 분야를 막론하고 어떻게 소통을 해야 하는지에 대해서 이야기를 하지 않거나 못한다는 것이다. 다들 소통이 중요하다고 외치고는 있으나, 아무도 그 방법에 대해 구체적으로 이야기하지 않는다는 것, 혹은 못한다는 것은 분명히 문제가 있다. 단지 밥상머리에서 서로 얼굴을 마주 보고 앉아서 이야기를 한다고 소통이 이루어지는 것이 아니며, 이 점은 건축과 도시 공간에서도 그대로 적용된다. '소통'이 문제라는 점에서는 모두 동의를 하나, 이 문제를 해결하는 것이 그렇게 쉽지만은 않아 보인다. 이는 '소통'이란 단어를 실천으로 옮기는 것이 말만큼 그렇게 쉽지만은 않다는 반증이기도 하다.

공간의 소통이라?

건축과 도시에서 말하는 소통이 무엇인가 한번 살펴보자. 여기서 소통이란 크게 두 가지의 주장, 또는 시도로 요약할 수 있을 것 같다. 우선 이 주장들을 따로 살펴보긴 하겠지만, 어느 시점에서는 결국 서로 연결된다는 것을 미리 알고 들어가자.

먼저 공간과 형태를 통해 소통을 어떻게든 물리적으로 연결하려는 시도이다. 닫힌 공간에서의 생활은 사고의 획일화를 가져오므로, 가능하면 열린 공간, 서로 얼굴을 마주 볼 수 있는 공간을 만들어야 한다는 것이다. 물리적 조건을 충족시켜주는 소위 말하는 '공간적 소통'이 가능하다는 것으로 한걸음 더 나아간다면, '소통'을 통해 더 나은 사회를 만들 수 있다는 것이 이 주장의 핵심이다. 하지만 이는 필요조건이지 충분조건은 될 수 없다는 것이 필자의 생각이다. 그렇다고 해서 이 주장 또한 완전히 틀린 말은 아니므로 틀렸다고 부정은 하지 않겠다. 특히 코로나 사태 이후로 창이나 테라스, 발코니같이 외부로 열린 공간들이 중요하다는 등의 주장들

팬데믹 당시 발코니에서 콘서트를 하던 장면 @ www.musikmachen.de

이 힘을 얻고 있는 것도 사실이니까.

두 번째는 철학사상과 공간을 연결하려는 시도이다. 이러한 시도는 주로 학술논문에서 많이 나타난다. 하지만 공간의 '소통'이란 주제를 철학적 사상으로 풀어내려는 현상은 아시아권, 특히 우리나라에서 많이 나타났던 학문적 유행 중 하나라는 것은 필자만의 견해는 아닐 것이다. 굳이 특정 논문을 지칭하지는 않겠지만, 건축이나 도시 공간과 철학적 사상 특히 후기 구조주의나 포스트모던 계열의 철학적 사상 을 결합하여 건축과 도시, 사회문제를 다루었던 논문들이 한때 유행처럼 쏟아져 나왔던 것을 기억하실 것이다.

여기서 이런 의문이 생긴다. 단순하게 사람들이 만날 수 있는 공간을 만들어 준다고 '소통하는 공간'이란 말을 붙일 수 있을까? 건물 전면이 유리로 되어 있으면 소통이 이루어질까? 사상적으로 철학적으로 이해가 되면 과연 건축과 도시 공간의 소통이 이루어질까? 그것으로 인해 우리는 건축과 도시를 이해할 수 있고, 더 나아가 우리가 가지고 있는 사회문제가 해결될 것인가?

과연 이런 것이 건축과 도시 공간에서의 소통을 의미하는 것일까?

위의 주장들을 다시 한번 조심스레 살펴보자. 일단 기술적인 면을 떠나서 건물에 열린 공간을 만들어주는 것이 틀린 것도 아니고, 나쁜 것도 아니다. 하지만 그 이면에는 아래의 주장이 이미 전제되어 있다.

'공간이 의식을 지배하고, 인간의 행동을 규정한다.'

정확한 기원은 알 수 없고, 누가 이 말을 처음 했는지 알 수는 없지만 오늘날 건축이든 도시든 공간을 다루는 분야에서는 물론 그 이외의 분야에서도 마치 당연하다는 듯이 받아들

제레미 벤담 @ www.wikipedia.org

이고 있는 말이다. 조심스럽게 그 기원을 찾는다면 우리에겐 '보이지 않는 손'으로 유명한 영국의 공리주의자 제레미 벤담 Jeremy Bentham, 1748년 2월 15일 ~ 1832년 6월 6일 이 1791년 출판한 단행본에 나와 있던 '파놉티콘 panopticon '이 아닐까 싶다. 물론 이 경우는 '소통'이라는 개념보다 '통제'라는 개념을 통한 '사회의 안녕과 질서'를 유지하기 위한 장치로 사용되긴 했지만, 발상을 바꾸어 '통제' 장치를 거꾸로 설계한다면, '소통'을 위한 장치가 될 수도 있지 않겠는가? 그 이후 한동안 잊혔던 '파놉티콘'은 프랑스 철학자 미셸 푸코 Michel Foucault, 1926년 10월 15일 ~ 1984년 6월 25일 가 1975년에 쓴 『감시와 처벌』에서 다시 부활했다. 푸코의 '파놉티콘'은 벤담이 주장했던 단순한 감옥의 범위를 넘어서는 새로운 근대적 감시의 원리를 체계화시킨 것으

미셸 푸코 @ www.faz.de

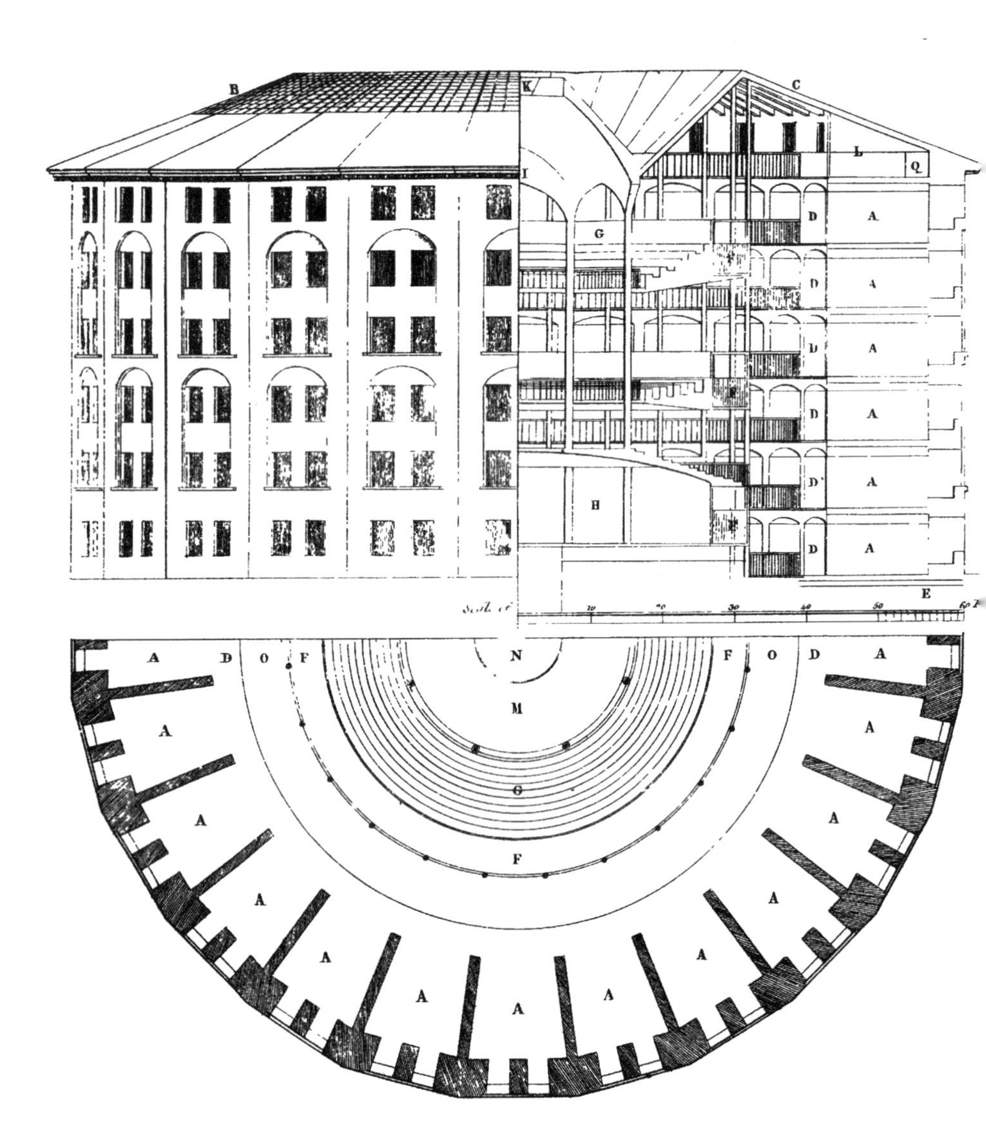

제레미 벤담의 파놉티콘 도면 : 중앙의 원형 감시탑에서 간수가 죄수들을 감시하는 구조로 되어 있다.
@ www.wikipedia.org

쿠바의 프레시디오 모델로 감옥 내부
: 파놉티콘의 구조를 그대로 활용하여 지어진 쿠바의 감옥이다. @ www.wikipedia.org

로 보는 것이 적절하다. 푸코의 철학을 한 마디로 특정 주의 -ism 로 정의하기는 어려운 일이나, 구조주의에서 후기 구조주의, 포스트모더니즘을 전체적으로 포괄한다는 것이 일반론이다. 그리고 이때가 바로 서구의 건축과 사상들이 물밀 듯이 밀려왔던 시기이며, 여기가 바로 앞서 지적한 두 번째 주장, 즉 철학적 사상과 공간을 연결하려는 시도가 시작되었던 지점일 것이라고 조심스레 추론해 본다. 물론 이러한 시도를 통해 사회적 문제를 해결하고자 했던 것이 건축과 도시디자인의 목표이던 시절도 있었으니, 시대 상황에 잘 부합했다고 보는 것이 적절할 것이다.

쿠바의 프레시디오 모델로 감옥 외부 @ www.wikipedia.org

오늘날 '파놉티콘'의 구조가 '감옥'뿐 아니라, '학교'나 여러 공공건물 등을 통해 우리 일상 여기저기에 침투해 있다고 주장하는 분들은 분명히 이 두 명의 사상에 영향을 받은 것으로 생각된다. 물론 이 주장 또한 완전히 틀렸다고는 부정할 수 없으나, 너무나 단편적인 주장이다. 게다가 틀리지 않았다는 것이 반드시 '옳은' 것은 아니다. 그리고 특정 사상이나 옳고 그름의 이분법적 잣대로 건축과 도시를 해석하려는 시도는 단편적이며 심지어 위험하기까지 하다. 만약 특정 철학이나 사상으로 건축과 도시를 풀어내기 시작하면, 우리는 거의 모든 부분에서 모순을 접할 수밖에 없기 때문이다.

어쨌거나 벤담이 시작하고 푸코가 날개를 달아주었으니, '공간이 의식을 지배하고, 인간의 행동을 규정한다.'는 주장이 건축이나 도시 디자인을 업으로 삼는 사람들에겐 매력적이지 않을 수 없을 것이다.

과연 그럴까?

여기서부터는 불편하긴 하지만, 가정을 전제로 필자의 논지를 전개해야 할 것 같다. 만약 벤담과 푸코의 주장이 맞다고 가정해 보자. 그렇다면 우리는 인류 역사에서 '계획'된 거의 대부분의 건축이나 도시 공간이 실제로 '통제'를 위해 사용되었던 것으로 간주해야 한다. 왜냐하면 '계획'이 가지고 있는 중요한 속성 중 하나가 바로 '통제'라는 점은 누구도 부인하기 힘들기 때문이다. 그리고 만약 이 주장처럼 제대로 통제가 되었다면, 인간의 역사는 달라졌을 것이다. 극단적으로 이야기 하자면, 인간과 그 의식체계 자체가 달라졌을 수도 있다. 이 주장에 따르면 확실한 목적을 위해서 통제된 공간에서 통제된 교육을 받거나, 생활한 사람들은 최소한 유사하거나 같은 의식체계를 가져야 한다. 하지만 현실은 그렇게 보이지 않는다. 만약 그들의 주장이 정당함을 이론적으로 확보하기 위해서는 다음의 조건을 만족시켜야 한다.

"우리가 살고 있는 세계가 최소한 두 개 이상의 계층으로 나누어져 있고, 각 계층은 동일한 양식의 공간에서 생활을 하고, 계층 간 공간의 양식은 확실히 차이를 가지고 있으며, 이로 인해 계층 내부의 행동 양식과 의식은 일치하며, 계층 간의 행동 양식과 의식에는 차이가 발생한다."

만약 어떤 식으로든지 계층 내부에서 개인 혹은 집단 간의 차이가 생긴다면, 그런 일이 발생할 가능성은 크게 두 가지로 압축된다.

첫째, 벤담과 푸코의 주장이 이론적으로, 이미 시작부터 틀렸다는 것이다. 이 경우 공간이 인간 의식과 행동을 규정하지 못하기 때문에, 당연히 동일 계층 내부의 개인이나 집단에서 차이가 발생할 수밖에 없다.

둘째, 벤담과 푸코의 주장이 이론적으로 옳다고 백번 양보를 해보자. 하지만 이는 일반적인 인간의 생활에 적용하기 힘든 특수한 경우를 다루는 이론이다. 다시 말해 실제 생활에서 인간과 인간의 의식이 특정 공간에만 종속될 경우가 거의 없다는 것이다. 물론 감옥이나 군대같이 통제된 공간이 우리 사회에는 존재하지 않느냐고 반문하실 분들이 분명히 계실 것으로 믿는다. 또한 더 나아가 크게 보면 세상이 감옥이 아니냐는 주장을 하실 분들도 계실 것으로 안다. 하지만 이는 너무 극단적 주장이다. 다시 주제로 돌아가자. 과연 얼마나 많은 사람들이 얼마나 오랜 시간 동안 그러한 공간을 경험할 것인가? 만약 그러한 공간들이 효율적으로 기능한다면, 왜 범죄자들의 재범률은 수십 년째 유사한 수치를 기록하는가? 왜 군대를 갓 전역한 아들의 효심은 3개월이 한계란 말인가? 누가 봐도 명백한 '일반화의 오류'이다. 인간의 행위는 공간을 통해 통제될 수 있다. 하지만 이로 인해 의식이 바뀐다는 주장은 그럴듯하긴 하지만 아직 정확히 증명된 바 없다. 옛말에 천성은 죽을 때까지 바뀌지 않는다고 하지 않던가.

그래서 도대체 공간적 소통이 뭔데?

이 문제에 답하기 위해 우선 상식적인 선에서 소통에 대해서 알아볼 필요가 있다. 우리가 일상생활에서 말하는 소통은 주로 '의사소통'을 의미한다. '의사소통'에는 몇 가지 종류가 있는데, 가장 간단한 구분법은 언어적, 비언어적 의사소통, 두 가지로 분류하는 것이 일반적이다. 일상생활에서 비율을 살펴보면 언어적 의사소통은 10%, 비언어적 의사소통은 90%를 차지한다고 한다. 또 혹자는 일반적으로 언어적 의사 표현과 비언어적 의사 표현이 서로 다를 때는 비언어적 의사 표현을 신뢰할 수 있다고 한다. 빈도에서 큰 차이가 있긴 하지만, 그렇다고 해서 비언어적 의사소통이 언어적 의사소통보다 우위에 있다는 주장은 무리가 있다. 그래도 이성을 가진 만물의 영장이 표정이나 행동만으로 의사소통을 한다는 것은 누가 들어도 우스운 일이 아닌가? 어쨌거나 우리는 이 두 가지 매개체를 일상에서 아주 자연스럽게 사용하면서 살고 있다.

필자가 여기서 주목하는 부분은 언어적이든 비언어적이든 그 하부에 내재되어 있는 '구조'이다. '구조'라고 해서 소쉬르 Ferdinand de Saussure, 1857년 11월 26일 ~ 1913년 2월 22일 의 '구조주의 언어학'이나, 그 이후에 나타난 '구조주의' 등의 철학적 사조를 떠올리실 필요까진 없다. 여기서 강조하고 싶은 것은 일상적 의미의 '의사소통'은 이미 어느 정도 '체계화'된 '사회적 약속'을 기반으로 한다는 의미이다. 개인차를 인정한다고 해도 우리가 언어를 사용할 때는 사회적으로 약속되고 학습된 익숙한 '단어'들을 '문법'을 기반으로 사용할 때, 제대로 '소통'이 이루어진다. 물론 이와 마찬가지로 비언어적 의사소통 역시 어느 정도는 이해할 수 있는 표정이나 행동이 뒷받침되어야 한다. 이는 다시 말해, 정확하게 표현하기는 어려우나, 일상적으로 언어를 사용함에 있어 어느 정도의 합의된 '보편성'이 존재해야 한다는 의미이다.

만약 이 주장을 부인한다면, 우리는 살면서 한 번도 다른 사람을 제대로 이해하고 있지 못한다는 결론에 이를 수밖에 없다. 그리고 제발 여기서 '보편성'을 '절대주의'와 연결시키는 오류를 범하지는 말아 주셨으면 한다. 이 또한 하나의 주장일 뿐이며, 그렇게 하는 순간, 우리는 스스로를 사고의 굴레에 가두게 되며 끔찍한 사고의 순환을 경험하게 된다.

다시 주제로 돌아와서, 상식이 통하는 사회라면 '보편성'을 바탕으로 한 '소통'은 '타당성'을 부여받게 된다. 그리고 여기서 '타당성'이란 형식논리학에서의 그것이 아닌, 일상에서의 '이해'를 의미한다. 물론 필자의 주장이 '구조주의'적 냄새를 풍기는 것이 아니냐는 의심을 하실 분들도 분명히 계실 것이다. 그리고 어떠한 비판이 있을지도 잘 알고 있다. 그렇다고 해서 전혀 받아들이지 못할 주장은 아니며, 오히려 '통시성'을 배제하고 보면, 더 타당한 주장일지도 모른다.

어느 시대에나 있지만, 기성세대와 새로운 세대의 '의사소통'이 원활하지 않는 것은 앞서 언급한 '단어'와 '문법'이 달라지기 때문이다. 그렇다고 기성세대와 새로운 세대 간에 '오해'만 발생하는 것은 아니다. 마치 기존의 '패러다임'이 있어야, 새로운 '패러다임'이 생겨날 수 있는 것처럼, 새로운 '단어'와 '문법'은 기존의 그것들을 바탕으로 생성되고 변화할 수밖에 없기 때문이다. 이는 어느 정도 공통된 부분을 공유한다는 전제하에 '소통'이 가능해진다는 말이다. 만약 이 양자 간에 공통분모가 하나도 없다고 한다면, 소통은 근본적으로 불가능한 공염불일 것이다.

조심스럽게 정리하자면, 시간에 따라 변화하는 '보편성'을 바탕으로 한 '이해'라는 과정이 바로 '소통'의 핵심이다. 그리고 이 '보편성'은 기존의 '체계', 또는 '사회적 약속'을 기반으로 새롭게 생성되고, 변화한다. 여기서 '소통'은 결국 무언가를 '이해'하기 위한 도구의 역할을 한다. 그렇다면 앞으로의 이야기는 좀 더 간단해진다. 우리가 살펴봐야 할 부분은 바로 건축과 도시 공간에서 '보편성'의 여부이다.

건축과 도시 디자인이 보편적일 수 있다고?

한편으론 인정을 해야 할 것 같기도 하고, 한편으론 부정하고 싶은 말이다. 특히 우리나라에서 건축이나 도시 디자인을 하시는 분들은 이 '보편성'이란 대목에서 항상 딜레마를 겪을 수밖에 없을 것이다. 곰곰이 생각해 보면 지켜야 할 무엇인가 있는 것 같은데, 도대체 그게 무엇인지 정확히 말하기가 굉장히 곤란하다. 여기서 지켜야 할 무엇은 단순히 법적인 문제를 말하는 것이 아니라는 것은 다들 짐작하실 것이다.

건축이나 도시 디자인을 시작했을 때, 처음 샀던 건축에 관한 책들이 아직 남아있다면 먼지를 털어내고 다시 한 번 넘겨보자. 어김없이 거의 모든 책마다 "건축은 기술과 예술의 조화이다"라고 쓰여 있다. 마치 전가의 보도처럼 쓰이고 있는 이 말 또한 아주 멋지게 들림은 부정할 수 없다. 처음 시작할 때, 학교에서도 그렇게 배웠고, 실무에서도 그렇게 하는 것이 올바르다고 생각하고 믿었다. '머릿속에 있는 생각을 남들과 다르게 표현하는 방법'을 찾아내라고 배웠고, 이 모든 것이 건축과 도시 디자인은 단순히 기술적인 면을 벗어나 '예술'의 영역까지도 포함하는 것으로 이해되어야 한다는 것을 가리키고 있다.

이쯤에서 당연히 이런 의문이 들지 않을 수 없다.

"예술은 개인의 주관이 가장 뚜렷하게 나타나는 분야가 아니던가?"

"그런데 갑자기 예술의 영역을 포함하는 건축과 도시 디자인이 '보편적'이어야 한다고?"

앞서 언급한 '사회적 약속'을 다시 떠올려 보면서, 정리해 보도록 하자. 먼저 '소통'이 '이해'를 위한 도구라는 점에 대해서는 다들 동의하실 것으로 믿는다. 그리고 건축과 도시 공간에서의 소통은 일상생활이나 언어적 소통과는 다르다. 일상이나 언어적 소통에서 사용되는 매개체가 '언어'와 '표현'이라면, 건축과 도시 공간에서는 시각적으로 인식 가능한 '물리적 형태'가 사용된다. 다시 한 번 강조하지만, 우리가 이런 매개체를 사용해서 '소통'을 시도하는 이유와 목적은 '이해'이다. 개인이 사용하는 '언어'와 '표현'은 개인의 배경과 성장에 따라 차이를 보일 수밖에 없다. 같은 대상에 대해 같은 표현을 하면서 '오해'가 발생하는 것은 바로 이러한 문제 때문이다. 하지만 이러한 '오해'를 방지하고, '이해'할 수 있도록 도와주는 것이 바로 누구에게나 적용되는 '문법'과 같은 '체계', 또는 '사회적 약속'이다. 따라서 '물리적 형태'를 다루는 분야 기술이든 예술이든 여부를 떠나서 또한 이러한 맥락에서 이해되어야 한다. 물론 여기에 대한 이론이나 필자의 생각을 이 짧은 글에서 모두 다루는 것은 무리가 있으며, 이해가 잘되지 않는 부분도 분명히 있을 것이다. 이 주제에 대한 논의는 다음을 기약하자. 핵심은 아무리 주관을 다루는 예술이라 하더라도 기본적으로 지켜야 할 최소한의 '선'이 있어야 한다는 것이다. 개인적인 주관에만 기반을 두고 타당하다고 믿는 주장과 그리고 그로 인해 이해되지 않는 모든 것을 예술로 치부하는 것은 위험한 생각이다.

이쯤 되면 우리 건축과 도시가 가지고 있는 문제가 어느 정도는 명확해진 것 같다. 왜 우리의 건축과 도시에서 '공간적 소통'을 찾아보기 힘든지, 왜 우리의 건축과 도시는 '이해'하기가 힘든지, 우리의 건축과 도시가 어떤 근본적 문제를 가지고 있는지 한번 깊이 생각해 보았으면 한다. 두서없는 글을 인내심을 가지고 읽어주신 분들에게 감사드리며, 이만 글을 마무리 하고자 한다.

이한석

1990년대 말부터 지금까지 불모지였던 해양건축 분야에서 선구자 역할을 하면서 지속적인 연구 및 교육 활동을 통해 우리나라 해양건축의 발전에 기여하였으며 현재는 해양수산부 중앙연안관리심의회 위원으로 활동하고 있다.

육지와 바다의 매개 공간, 워터프런트

제3의 공간, 워터프런트

워터프런트는 육지와 바다 사이에 존재하는 제3의 공간이다. 삶의 터전인 국토 공간은 육지와 바다로 구성되어 있다고 생각하는 것이 일반적이지만 육지와 바다 사이에 육지 공간 및 바다 공간과 다른 독특한 특성을 가진 공간인 워터프런트가 존재한다.

육지와 바다 사이에서 둘의 영향을 직접적으로 받는 워터프런트는 육지와 바다를 소통시키고 양편의 관계를 맺어주는 매개 공간의 역할을 수행하고 있다. 이와 동시에 워터프런트는 자연과 인간, 인간과 인간, 도시와 자연, 자연과 자연을 매개하며 지구의 생명을 활성화한다.

워터프런트는 육지와 물이 만나는 경계에 형성되는 공간으로서 수역과 육역으로 구성되며 인간의 다양한 사회생활과 밀접한 관계를 가진 장소이다. 워터프런트는 육지와 비교하여 보다 풍요로운 환경을 가지고 있으며 생활공간으로서 육지가 가질 수 없는 다양한 장점을 가지고 있다.

따라서 제3의 공간으로서 워터프런트에 대해 깊은 관심을 기울이고 부족한 육지를 확보하기 위해 점거하고, 파헤치며, 개발하고, 이용해야 할 대상으로서가 아니라 인간의 삶과 자연의 바람직한 관계를 형성하는 생활공간으로서 접근해야 한다.

물이 육지와 만나서 형성되는 수제선을 중심으로 육역과 수역이 만나는 워터프런트는 인간에게 친근한 공간일 뿐 아니라 많은 인구가 거주하고 있으며 지구 환경 문제에 결정적인 역할을 한다. 또한 워터프런트는 인간의 삶을 영위하기 위한 생활공간으로 역사적으로 뿌리 깊고, 질質적으로 우수하여 일상생활에 적합하며, 쓰임새가 광범위하고 다양한 공간이다.

국토공간에서 제3의 공간으로 워터프런트의 본질은 공공 공간 public space 에 있다. 바다가 개인이 배타적으로 소유할 수 없는 공적 자원인 것처럼 워터프런트도 본질적으로 개인이 독점할 수 없고 시민 누구나 자유롭게 이용할 수 있는 공적인 공간이다. 따라서 워터프런트는 시민의 자유로운 접근이 가능하며 장소의 공유에 따른 시민의식의 연대가 만들어지는 공간이기도 하다.

또한 워터프런트는 바다라는 광활한 자연에 접하는 공간이고, 인류 역사상 다양한 문화와 역사가 축적된 역사문화 공간이며, 수평면의 바다가 존재함에 따라 탁 트인 조망을 가진 열린 공간으로서 생명력이 넘치는 자연생태계와 우수한 경관을 가지고 있다.

한편 워터프런트는 육지와 바다 사이에 위치하기 때문에 육지나 바다로부터 접근성이 떨어지고, 토지 이용이 다양하지 못하며, 도시 생활을 위한 기반 시설이 정비되어 있지 않을 뿐 아니라 태풍이나 해수면 상승 등에 의한 자연 재난에 취약한 공간이기도 하다.

이러한 워터프런트는 '수변공간'이라는 의미 이외에도 '친수공간'이란 의미를 함께 가지고 있다. 노후화되고 황폐화된 항만이나 수변의 산업단지 등을 재개발하여 자연생태

도시의 워터프런트 (일본 하코다테)

계를 회복하고 시민들이 자유롭게 이용할 수 있도록 정비한 친수공간으로서의 수변공간을 의미한다.

워터프런트와 유사한 의미의 용어로는 '연안 沿岸, coast, coastal area'이 있다. 연안은 국토계획적인 관점에서 바라본 워터프런트로서 우리나라에서는 「연안관리법」에 의해 다루고 있다.

한편 워터프런트의 범위는 관점과 분야에 따라 다르게 정해진다. 육역과 수역을 동시에 품고 있는 워터프런트에서 시민의 일상생활을 고려하는 경우에 육역은 물에서의 인간생활을 직접 지원하는 범위, 그리고 수역은 물가에서의 인간생활이 물에 영향을 미치는 범위로 정할 수 있다. 여기서 인

도시의 워터프런트 (프랑스 니스)

간생활이란 바다를 조망하는 것이나 물을 접촉하는 것을 비롯하여 물가에서 가능한 모든 삶의 행위를 의미한다.

워터프런트의 특성

바다와 육지가 마주하는 워터프런트는 육지나 바다와 다른 특성을 가진 공간이다. 지형, 지리, 기상, 공간, 생태, 법제도, 이용현황 등에서 육지나 바다와 다르고, 워터프런트에서는 자연과 인간에 의해 항상 새로운 변화가 일어난다. 그만큼 워터프런트에는 다양한 생물상이 분포하고 생명력이 넘친다.

워터프런트의 지형적 특성을 보면, 하천에서 유출되는 토사는 하구에 삼각주를 만들고 이것이 흘러서 해안을 형성한다. 해안에 운반된 돌, 조약돌, 실트, 점토 등은 층을 형성하며 순차적으로 퇴적하여 충적층의 토지를 만든다. 그러나 이 토지는 아직 젊고 바다의 작용으로 인해 침식, 퇴적, 침하를 일으켜서 해안은 변화하며 불안정하다.

또한 워터프런트의 환경적 특성을 보면, 육지에서 운반된 영양분이 많은 담수는 해수와 섞여서 기수역 汽水域 을 형성하며, 여기에는 육지 및 바다와 다른 새로운 생태계가 형성된다. 햇빛이 도달하는 천장 淺場 및 간석지에서는 많은 유전자와 종이 발생하고, 복잡한 생산, 소비, 분해가 활발하

도시의 워터프런트 (캐나다 토론토)

게 이루어져 그 과정에서 유해 물질은 제거되고 산소 등 유용한 성분이 생성되어 자연정화가 이루어진다.

워터프런트에서는 지리, 기상, 해상, 수질, 다른 생물계의 영향 등으로 인해 복잡한 생물상이 구성되며, 워터프런트는 각종 생명이 태어나 성장하는 서식지로서 많은 담수어 및 해수어도 알을 낳기 위하여 모인다.

워터프런트의 공간적 특성으로는 내륙의 시가지와 비교하여 수평적 확장성을 들 수 있으며 특히 하구, 하천 합류부, 만곡부 灣曲部 등은 다이내믹한 공간을 형성하고 있다.

워터프런트를 이용하는 인간 측면에서 워터프런트의 특성을 보면, 먼저 기상 氣象 조건, 즉 기온, 습도, 수온, 풍속,

풍향 등을 들 수 있다. 특히 신체가 직접 느끼기 쉬운 낮은 기온이나 강한 바람 등은 워터프런트의 이용을 어렵게 하거나 불편하게 하므로 공간 구성, 시설물 배치, 식재 등에 의해 이를 경감시키는 것이 필요하다.

또한 염분, 파랑, 해류, 조석 潮汐, 고조 高潮, 동결 등 해상 海象 조건은 육지에서 일상적으로 경험할 수 없는 것이다. 워터프런트에 따라서 조건과 양상이 다르며 특성을 파악하기조차 어려운 경우도 있어서 충분한 조사와 검토가 필요하다.

워터프런트에서는 수면과 하늘이라 하는 광대한 스케일의 공간적 배경도 중요한 특성 가운데 하나이다. 이로 인해 워터프런트의 이용자는 밀집된 시가지에서 얻을 수 없는 개방감이나 해방감을 얻을 수 있다. 바다와 하늘이 배경 ground 이 되기 때문에 인공시설물이나 공간들은 여기에 어울리는 그림 figure 이 되도록 적절한 골격 그리고 알기 쉬운 형태를 가져야 한다.

더불어 워터프런트에서는 역사성과 유행성도 중요하다. 워터프런트에는 오래된 역사가 축적되어서 숨 쉬는 곳이며, 한편으로는 시시각각 변화하는 사회적, 경제적, 문화적 현상에 민감한 유행이 꽃피는 곳이다. 또한 워터프런트는 인간의 감성에 작용하여 깊은 정서적인 감동과 영혼의 충족을 경험하게 한다.

이런 정서적 작용을 일으키는 요소로서 광대한 수면, 파란 하늘, 점점이 떠 있는 섬, 수면으로 튀어나온 곶 岬 , 만곡의 해안선, 흰 모래사장, 푸른 송림 등이 있다. 그리고 파도나 너울, 수면에 반사된 햇빛이나 달빛, 수면에 거꾸로 반사된 도경 倒景 , 일출과 일몰, 시원한 바닷바람, 철썩이는 파도소리와 해조음 海潮音 , 짜릿한 바다냄새 등 자연 요소와 선박, 크레인 등 항만시설, 교량, 건물의 스카이라인, 야간 조명 등 인공 요소도 중요한 감성적 요소이다.

그러나 무엇보다 공간 그 자체가 가장 중요한 감성 요소이며, 이렇게 다양한 요소들을 잘 조직하여 자연과 인공물이 조화를 이루는 워터프런트를 만드는 것이 중요하다. 이와 같이 워터프런트야말로 인간이 가지고 있는 자연 향수의 욕구, 행동 향수의 욕구, 문화 향수의 욕구를 모두 만족시킬 수 있는 환경으로서 자질을 갖추고 있다.

육지와 바다의 소통

소통 疏通 이란 막히지 않고 잘 통함을 의미하며, 매개 媒介 는 둘 사이에서 양편의 관계를 맺어 주는 것이다. 출처: 네이버 국어사전 한편 둘 사이의 관계에서 소통이 잘되지 않으면 경색 梗塞 이 발생하여 막혀 버린다. 모든 생명체에게 통할 곳이 막히면 질병을 일으키고 막힌 곳이 열리면 건강을 이룬다.

하나의 거대한 생명체로서 지구 혹은 도시는 육지와 바다의 관계가 워터프런트라는 매개 공간을 통해 소통이 이루어져 잘 통하게 되면 생명이요, 매개 공간에 문제가 생겨서 소통이 없거나 막혀버리면 죽음이다. 즉 지구라는 생명체의 지속가능성은 육지와 바다의 막힘없는 소통에 있으며, 그 소통은 워터프런트라는 매개 공간을 통해 이루어지므로 생명의 지속가능성과 워터프런트는 불가분의 관계를 가진다.

무엇보다 워터프런트가 사람들로부터 관심을 얻는 것은 물의 존재 때문이다. 물은 생명의 근원이며, 사람의 오감을 자극한다. 워터프런트에서 인간을 위한 물의 효용에는 물의

도시의 워터프런트 (한국 부산)

도시의 워터프런트 (일본 모지)

물리적 성질을 활용하여 사람들을 편리하게 하는 '이수성 利水性'과 마음이나 정서의 활성화에 관계되는 '친수성 親水性'이 있다.

이와 함께 워터프런트는 수생생물의 서식처이며 동시에 오염된 물을 정화시키는 작용을 한다. 이와 같이 워터프런트에서의 물은 육지나 내륙 도시에서 수경 修景을 위한 물 혹은 시설물의 일부분으로서 물과는 달리 워터프런트의 존재 자체를 구성하는 본질이다.

역사적으로 워터프런트에서는 자연과 인간뿐 아니라 사람과 사람의 교류가 활발하게 이루어졌다. 다양하고 많은 물자의 교환은 산업을 발전시켜 교역의 장을 만들었고 세계적인 경제체계를 만들어내기에 이르렀다. 그리고 하나의 문화는 워터프런트에서 다른 문화를 받아들여 전통문화와 융합함으로서 새로운 문화를 만들고 성숙해간다. 따라서 내륙 도시에서 볼 수 없는 국제적인 도시가 워터프런트에 형성된다.

이와 같이 자연적으로나 사회적으로 워터프런트는 모든 문화와 지역을 통틀어 소통을 위한 매개의 공간이었다. 따라서 인간은 자연스럽게 워터프런트에 거주하였고, 바다는 일상생활의 터전이었다. 워터프런트에 자연스럽게 형성된 어촌마을은 항구도시로 커졌으며, 산업혁명이후에는 거대

도시의 워터프런트 (한국 부산)

한 항만도시로 성장하였고, 오늘날에는 인간과 자연이 공존하는 도시로 변모하였다.

한편 인간에 의한 워터프런트의 이용은 수역의 지리적 조건에 따라 큰 차이가 나타난다. 먼저 폐쇄성 수역의 워터프런트는 정온한 수역을 가지고 있기 때문에 옛날부터 어항이나 항구 등으로 이용되어 도시화가 진행되었고, 수변경관도 매력적인 곳이 많다. 따라서 이러한 워터프런트는 역사적 혹은 문화적 유산이 풍부하고 경제적으로 가치가 높은 반면에 자칫하면 문화적 혹은 환경적 측면을 무시하고 사업성 위주의 이용 가능성이 크다.

외해에 면하는 개방성 수역의 워터프런트는 쯔나미 津波, 고조 高潮, 강풍, 조류 등의 영향을 직접 받기 때문에 공간 이용에 불리한 조건을 가지고 있어서 도시화가 늦어진 곳이 많다. 이러한 워터프런트는 이용을 위해 상당한 투자가 필요하고 환경파괴나 경관 훼손 등이 쉽게 발생할 수 있다. 따라서 자연적인 특성을 가능한 보전하고 최소한의 이용을 추구하는 것이 바람직하다.

이상과 같은 워터프런트는 조류를 비롯하여 수생생물의 서식처로서 역할이 크고 생태적으로 아주 민감한 곳이다. 따라서 워터프런트 이용을 위해서는 자연생태계에 미치는 영향을 파악하여 영향완화조치 mitigation 를 해야만 한다. 땅과 물이 막힘없이 소통하여 생명의 기운을 북돋기 위해

워터프런트 이용에 중요한 조건을 살펴보면 다음과 같다.[1]

첫째, 지형적 조건으로서 수역은 정온한 것이 바람직하며 따라서 어느 정도 닫혀 있는 만이나 후미 등이 좋은 지형적 조건이다.

둘째, 경관 관련 조건으로 배후에 구릉지나 산이 있고 앞바다에 섬이 있다면 뛰어난 수변경관을 구성하여 이용 잠재력이 크다.

셋째, 워터프런트는 지형 조건이 항상 변화하고 특히 매립지에서는 지반이 불안정한 곳이 많아 태풍 등에 의해 자연재해를 입을 가능성이 크다. 이 때문에 워터프런트에서는 사전에 강풍, 침수, 해일 등 재해요인을 철저히 조사하여 위험요소를 제거하고 재난에 안전한 곳이어야 한다.

넷째, 워터프런트는 토지 이용, 수역 이용, 교통 조건, 인구, 산업, 역사 등이 서로 다르기 때문에 사전에 이러한 특성을 면밀히 파악해야만 한다.

이상과 같은 조건을 바탕으로 육역의 입장에서 일방적으로 워터프런트의 이용을 결정할 것이 아니라 수역의 상황을 충분히 고려하여 육역과 수역이 상호 소통하고 주변 토

---

1 이한석 외,『수변공간계획』, 도서출판 씨아이알, p8

지 이용이나 수역 이용과의 조화 및 연속성을 고려하여 이용계획을 수립한다.

특히 워터프런트에서는 이용 규모가 크고 이용 자유도가 높은 만큼 체계적이고 합리적인 이용이 요구되고, 특히 이용결과에 대해 사업성뿐 아니라 공공성 그리고 자연의 생명력 회복을 위한 노력이 필요하다.

워터프런트에서는 독특한 친수성과 인간의 친수행위가 조화되며 자연 환경과 인공 환경이 어울려 생명 활동이 활성화되고 자연생태계에의 부담을 최소화하는 지속가능한 환경이 조성되어야 한다.

도시의 워터프런트(호주 시드니)

하나의 거대한 생명체로서
지구 혹은 도시는 육지와 바다의
관계가 워터프런트라는
매개 공간을 통해 소통이 이루어져
잘 통하게 되면 생명이요,
매개 공간에 문제가 생겨서
소통이 없거나 막혀버리면 죽음이다.
즉 지구라는 생명체의 지속가능성은
육지와 바다의 막힘없는 소통에 있으며,
그 소통은 워터프런트라는
매개 공간을 통해 이루어지므로
생명의 지속가능성과 워터프런트는
불가분의 관계를 가진다.

김종기

독일 훔볼트대학교에서 철학 미학/사회철학 박사학위를 받았다. 상지인문학아카데미에서 '서양미술과 미학의 창'이라는 제목으로 5년 동안 강의했다. 현재 민주공원 관장을 맡고 있다.

소통
: 억압, 차별, 배제를 넘어

그림 속의 억압, 차별, 배제의 이미지

성경 창세기의 한 부분, 하갈 Hagar 과 이스마엘 Ismael 의 이야기로부터 시작해보자. 그림 1은 「하갈과 이스마엘」이라는 제목의 밀레 Jean-François Millet, 1814-1875 그림이다.

그림 1. Millet. Hagar and Ismael, 1848-1849, oil on canvas, 147 x 236.5 cm, The Mesdag Collection, The Hague

그림은 아브라함에게 장자를 낳아준 이집트 출신 여종 하갈이 여주인 사라가 가한 '차별'과 '배제' 때문에 아브라함에 의해 광야로 내쫓겨 죽음에 내몰려 있는 순간을 포착하고 있다. 그런데 이 그림이 직접적으로 아무런 연관이 없을 것 같은 프랑스의 혁명 정신, 좀 더 명확히 말해 1848년 2월 혁명의 시대정신을 담고 있는 그림이라면 어떠할까?

1848년 파리의 미술가 밀레는 프랑스 정부로부터 하갈과 이스마엘의 이야기를 그려줄 것을 주문받았다. 1830년 프랑스 국민은 나폴레옹 보나파르트의 몰락 이후 절대군주제로 회귀한 프랑스 왕정 체제를 무너뜨리고 '7월 혁명'을 성공했다. 그러나 혁명의 성공 이후 시민들의 왕으로 추대된 '7월 왕정'의 루이 필립 Louis Philippe 은 세금을 낼 수 있는 소수의 상층 부르주아지 등 전체 인구의 대략 0.7%에 불과한 25만 명 정도의 국민에게만 선거권을 부여하였다. 그리하여 혁명에 참가한 대다수 시민들은 정치로부터 배제되고 소외되었다. 그리고 18년이 지나 1848년 2월 프랑스 시민들은 파리에서 선거권 확대를 둘러싼 대규모 토론회를 벌이고, 시민들이 토론회를 박차고 나와 바리케이트전을 벌이면서 '2월 혁명'이 일어난다. 이후 임시정부가 수립되고 프랑스는 다시 공화정으로 돌아간다. 그리고 임시정부는 900만에 달하는 선거권 부여 연령이 된 프랑스 남성 전체에게 보통 선거권을 부여한다. 그런데 6월 정부의 일방적인 국립작업장 폐쇄에 항의하는 노동자를 중심으로 6월 봉기가 일어났다. 이 봉기는 농민과 다수 시민들의 지지를 받지 못하고, 권력을 획득한 부르주아지에게 철저히 짓밟힌다. 그해 12월 나폴레옹 보나파르트의 조카, 루이 보나파르트가 대통령 선거에 출마하여 압도적인 표차로 당선된다. 대통령이 된 루이 보나파르트는 프랑스를 더 급속히 산업화와 자본주의화의 길로 이끌어간다.

급속히 진행되는 산업혁명의 진전과 자본주의화로 인해 부를 축적한 상층 부르주아지가 많이 생겨나지만, 사회에는 가진 자와 갖지 못한 자의 계급적 대립이 심해지고, 도시와 농촌 간의 격차가 심화된다. 이 시기 일단의 젊은 화가들은 산업혁명과 콜레라 팬데믹 1849 이 몰고 온 도시의 비참한 삶을 목도하면서 도시를 떠나 파리 주변 퐁텐블로 숲의 바르비종 마을에서 농부들의 삶을 그리고자 하였다. 따라서 이들의 작품에는 과학기술 문명의 토대가 되는 이성 중심, 인간 중심의 세계관에서 벗어나 자연에 동화되고자 하는 자연 중심의 세계관이 드러난다.

2월 혁명이 성공한 직후 1848년 3월에 열린 살롱전은 평등과 박애의 정신에서 당시에 응모한 모든 작품을 무심사로

그림 2. Millet, The Winnower, 1847-1848, oil on canvas, 100.5×71cm, National Gallery London

입선시켰다. 밀레는 「키질을 하는 사람」그림 2, 「바빌론 포로」라는 제목의 두 그림을 출품하였는데, 「키질을 하는 사람」이 살롱에서 호평을 받았다. 이 작품은 당시 프랑스 농부들의 일상을 묘사한 것이지만 7월 혁명을 통해 수립된 7월 왕정의 보수화와 반혁명성에 대한 가차 없는 심판으로 간주되었다. 무엇보다 공화파들은 키질을 하는 농부의 머리, 윗옷, 다리의 천이 '블루, 화이트, 레드'라는 세 가지 색으로 되어있어 그것이 프랑스혁명과 공화국을 상징하는 삼색기 tricolore 를 가리키는 것으로 받아들였다. 이것은 부르주아지와 함께 7월 혁명에 참여했지만 그들로부터 배신당해 정치에서 배제당한 노동자 및 농민이 자유, 평등, 박애라는 시대정신의 담지자라는 암시로 읽을 수 있다. 당시 내부무장관 레드루 롤랭 Alexandre Auguste Ledru-Rollin 이 800프랑이라는 고가로 이 그림을 구입하였다.[1]

한편 공화파 필립 오귀스트 장롱 Philippe-Auguste Jeanron 이 국립미술관 총국장이 되어 내무부는 밀레에게 작품을 주문한다.

밀레는 「하갈과 이스마엘」에서 어린 이스마엘을 눕혀 둔

---

1 이후 롤랭은 루이 나폴레옹 보나파르트(나폴레옹 3세)가 대통령에 당선되자 그에 저항하는 투쟁을 벌이다가 쫓겨 런던으로 망명하였는데, 그 시기에 이 그림은 팔렸고, 이후 분실되었다. 그리고 1972년 어느 미국인의 다락에서 발견되었다.

곳으로 다시 돌아와 갈증으로 죽어가는 아이를 보면서 고통을 견디지 못하는 순간의 하갈을 그리고 있다. 밀레가 여기서 주목한 것은 단순한 성경 속 인물로서 하갈과 이스마엘이 아니라 보편적 인간 삶의 관점에서 삶의 터전을 잃어버린 채 극단적인 상황에 내몰린 인간의 고통이다. 밀레는 이 장면이 보여주는 서사의 특징에 주의를 집중하면서, 그 본질에서 포착되는 보편적 인간의 고통을 전달하고자 한다. 밀레는 여기서 자신의 존재 기반을 박탈당한 채 죽음까지 내몰린 인간, 같은 아버지의 피를 받고도 다른 민족 출신의 어머니로부터 태어났다는 이유로 권리와 소유로부터 배제되고 내쫓기는 사람들을 그리고 있다. 이 지점에서 성경의 역사는 구원의 역사이지만, 그 구원은 타민족에 대한 억압과 차별을 담는 역사라는 점을 보여준다. 밀레는 이 그림을 완성하지 못했는데, 채색이 아직 덜 끝나 미완성으로 남은 이 그림은 전경에 열기로 달아오른 붉은 사막 위에서 죽음의 고통을 겪고 있는 어린아이 옆에서 아이를 살릴 아무런 힘이 없어 절망에 빠진 젊은 어머니의 고통이 무겁게 전해진다. 이러한 정황 속에서 볼 때 밀레의 「하갈과 이스마엘」은 프랑스 7월 왕정에서도 계속 이어진 억압·차별·배제 대신, 혁명 정부의 자유·평등·박애라는 시대정신을 담고 있는 그림이라 할 만하다.

이스라엘의 조상 아브라함은 '갈대아' 지역의 고대 도시

'우르' Ur 출신이었다 창세기 12:5, 15:7 . 우르는 고대 메소포타미아의 남쪽 지역으로 현재 이라크의 수도 바그다드에서 남쪽 350km 지점에 있는 수메르 고대 도시로 유프라테스 강과 티그리스 강이 페르시아 만으로 흘러 들어가는 하구에 위치해 있었다. 이 우르에 살던 아브라함을 여호와가 가나안, 지금의 팔레스타인으로 인도하였다. 그런데 아브라함이 이주하던 당시 가나안에는 이미 원주민들이 정착해서 살고 있었다. 이 가나안, 팔레스타인에서 아브라함은 애초에 이방인이었다.

그 후 그의 손자 야곱은 자식과 모든 가솔을 이끌고 이집트로 집단 이주를 한다. 이스라엘 사람들은 초기 요셉의 생전, 그리고 이후 얼마 동안 번성했지만, 요셉을 알지 못하는 파라오의 집권 이후 노예로 전락해 약 400년을 살다가 모세의 인도를 따라 이집트를 탈출한다. 이후 40년간 광야를 떠돌다 여호수아의 지도 아래 가나안으로 들어간다. 그런데 여호수아의 가나안 정복 시, 가나안에는 원주민들이 살고 있었다. 이때에도 이스라엘 사람들은 가나안의 이방인이었다. 특히 여호수아의 여리고 정복 사건은 기독교인들에게 삶에서 어려움을 겪을 때 흔들리지 않는 믿음을 가질 것을 독려하는 대표적인 사례로 선택된다. 그러나 적어도 고고학적으로 보면 여리고 전투는 존재하지 않았다. 또한 가나안 정복의 내용은 후대에 십자군 전쟁이나 북아메리카 대륙 정착 과정 등에서 이민족 학살을 정당화하는 데에 직간접적으로 활용되기도 하였다.[2] 이스라엘의 가나안 정복 이후 사울, 다윗, 솔로몬으로 이어지는 왕조가 세워졌지만, 이 왕조는 남북으로 분열되고 이후 북쪽의 이스라엘 왕국은 아시리아에 의해 멸망하고 기원전 722년 남쪽의 유다 왕국은 바빌로니아에 의해 멸망한다 기원전 586년 . 이스라엘 사람들은 포로가 되어 바빌로니아로 끌려간다.

이후 바빌로니아에서 노예 생활을 하던 이스라엘 사람들이 예루살렘으로 돌아와 나라를 재건했지만, 오래 지나지 않아 이스라엘은 로마제국의 지배하에 들어갔다. 로마제국은 이스라엘의 저항을 완벽하게 진압하였고 이스라엘은 세계 도처를 떠도는 유랑 민족이 되었다. 이렇게 바빌로니아의 노예 생활과 로마 제국의 지배 이후 중동 지역 전체에서 유대인들의 디아스포라가 형성된다. 그렇지만 이스라엘 사람들은 어디에서든 회당을 짓고, 토라를 암송하면서 자기 민족의 정체성을 잃지 않았다. 7세기 전반부 이슬람의 정복 전쟁부터 제1차 세계대전의 결과 중 하나로 오스만 제국의 멸

2 강승일, 「제의로서의 가나안 정복과 여리고 전투」, 아시아문화학술원 『인문사회 21』, 제10권 1호, 2019, 272 쪽 참조.

망 1922 에 이르기까지 가나안 지역은 이슬람의 지배하에 있었다. 이후 시온주의 운동과 600만 유대인을 죽음으로 몰고 간 히틀러의 홀로코스트 Holocuast 희생을 딛고 국제적인 정치적 이해관계와 그 역학 위에서 이스라엘은 팔레스타인, 그 가나안 땅에 현재의 이스라엘을 건국했다.

이 역사적 사건은 이스라엘의 관점에서는 2천년 동안의 유랑 생활을 끝내고 나라를 세운 것이지만, 오랜 시기 그곳에서 살아왔던 팔레스타인 사람의 관점에서는 삶의 터전을 빼앗긴 대재앙 Nakba 이다. 과연 이 땅의 주인은 누구인가? 고대부터 그곳에서 살아온 팔레스타인 사람인가, 여호와의 약속으로 가나안 땅으로 이주해간 이스라엘 사람인가? 여호와는 모세의 설교 신명기 를 통해 말한다. "너희는 나그네를 사랑하라. 전에 너희도 애굽 땅에서 나그네 되었음이라" 신명기 10:11 이렇듯 여호와는 애초에 자유, 평등, 박애에 기초한 소통을 가르치고 있었다.

무릇 소통은 억압, 차별, 배제의 행동 양식으로부터 자유, 평등, 박애의 행동 양식으로 넘어갈 때 나타난다. 사와 Laila Shawa, 1940- 는 가자 Gaza 에서 태어난 팔레스타인 미술가이다. 그녀는 가자 지구에서 발생하는 정치적 사건과 가자 사람들의 삶을 작품 속에 담는다. 현재 가자 지구 인구의 3분의 2는 1948년 제1차 중동전쟁에 의해 발생한 팔레스타인 난민과 그 자손이다. 가자 지구는 제1차 중동전쟁 1948 이후 1967년까지 이집트가 군사적으로 지배했고, 제3차 중동전쟁 1967 이후 1994년까지 이스라엘 군의 통치 아래 있었다. 1987년 대한민국에서 6월 민주항쟁이 일어났던 그해 팔레스타인 사람들은 이 가자 지구에서 잔혹한 이스라엘의 압제에 맞서 민중봉기 Intifada 를 벌였다. 이후 1994년부터 가자 지구에 대한 통치권은 단계적으로 팔레스타인 자치기구에 이양되었다. 그녀의 사고는 가자 시장이자 활동가였던 아버지의 영향으로 어린 시절부터 형성되었다. 사와의 관심은 팔레스타인의 정치적 현실을 반영하고 그 과정에서 정치적 사건들의 기록자가 되는 것이었다. 따라서 그녀의 작업은 고조된 현실주의 감각에 바탕을 두어 그 뿌리가 어디에 있든 불의와 박해를 대상으로 한다. 그녀의 대표적인 작품 가운데 하나는 가자 지구의 평범한 사람들이 도시의 벽에 스프레이로 칠한 희망과 저항의 가슴 아픈 메시지에 초점을 맞춘 '가자의 벽' Walls of Gaza 연작이다.

그림 3 「Disposable bodies, 일회용 신체」에서 사와는 공작 깃털로 화려하게 장식하고 자살 벨트를 두른 여성 토르소를 보여준다. 얼굴이 없는 토르소라는 설정으로 인해 이 여성은 특정 어느 여성이 아니라 익명의 팔레스타인 여성이

그림 3. Shawa, Disposable Bodies(일회용 신체들) 5, Paradise Now, 2012, Plastic, rhinestones, Swarovski crystals, Peacock feathers and wire, 104 × 50 × 22 cm, October Gallery

라는 보편성을 획득한다. 아름답게 장식된 여성 토르소는 그녀가 본디 우리 주변의 평범하고 아리따운 여인이었음을 짐작하게 한다. 그러나 이 여인은 이스라엘 군의 가자 공습에 의해 남편과 자식 또는 부모 형제를 잃은 여인일 것이다. 그리하여 이 여인은 죽어도 여한이 없는, 아니 죽을 수밖에 없고 죽고 싶은 여인이다. 그래서 부제가 「천국은 지금이다」인 것이다. 사와는 이 조각 작품을 통해 익명의 평범한 팔레스타인 여인이 자살 폭탄 테러범이 될 수밖에 없는 팔레스타인의 억압적 현실을 보여준다. 그런데 고대인들에게 공작이 불멸의 상징이었고, 여러 종교에서 갱신과 부활의 상징이었다

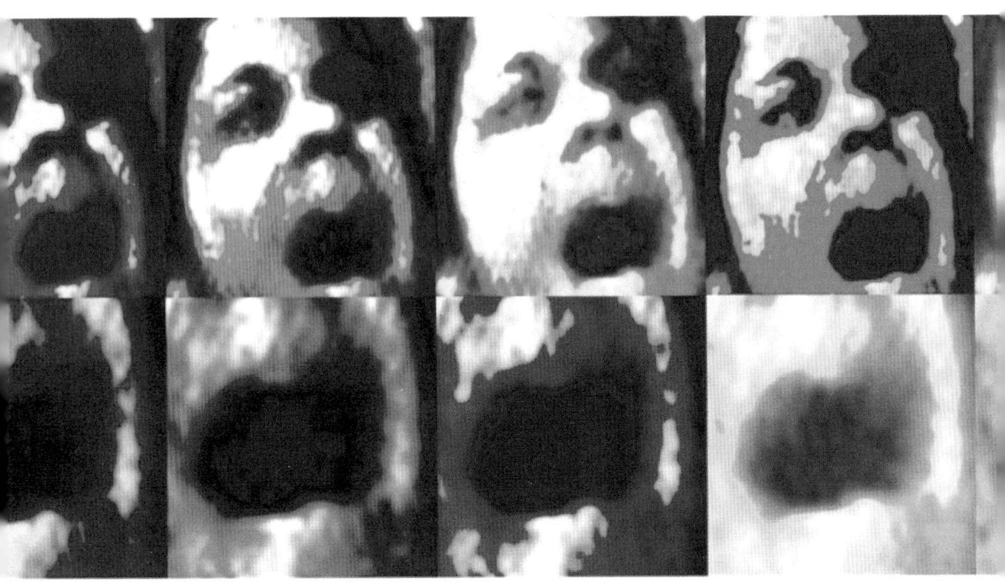

그림 4. Shawa, Sream, 2011, Photography & mixed media on canvas, 100 × 110 cm, October Gallery London

는 사실은 이 여인의 죽음, 평범한 팔레스타인 사람의 죽음이 동시에 팔레스타인의 불멸과 부활에 대한 믿음과 희망으로 드러나게 해준다.

그림 4「비명 Scream」은 익명의 팔레스타인 여인이 당했을 이와 같은 상상할 수 없는 고통을 보여준다. 색을 달리하여 인화된 얼굴 연작과 아랫부분의 벌린 입 연작은 세상에서 인간이 당할 수 있는 가장 고통스러운 순간을 형상화시켜 보여준다. 뭉크의「비명 Scream」 연작이 세기말의 문명이 몰고 오는 불안 속의 인간을 보여준다면, 사와의「비명」은 문명 속의 인간들 속에서 벌어지는 야만적 행위와 그 결과로서 평범한 인간이 당하는 고통을 보여준다. 니체는 내가 의도하지 않았고 나의 잘못이 아님에도 내가 당하게 되는 고통을 근원적 고통이라 부른다. 근원적 고통은 나의 의지와 무관하게 나의 삶과 존재 기반 자체에서 야기되는 고통이다. 팔레스타인 주민들의 고통이 바로 근원적 고통이라 할 수 있을 것이며, 이 고통은 나 와 우리 의 타자에 의해서 나 와 우리 에게 무차별적으로 가해지는 고통이다. 이 고통은 나 와 우리 에게는 어떠한 합리적 근거도 없는 고통이다. 팔레스타인의 평범한 주민, 어린이에게 이 고통이 어떤 합리적 근거를 가지는가? 여기서 고통은 억압, 차별, 배제가 야기한 고통이다. 이 고통은 어떻게 멈춰질 수 있을까? 우리는 어떻게 억압, 차별, 배

제를 넘어 소통할 수 있을까?[3]

지젝 Slavoj Zizek, 1949- 은 사랑이란 근본적으로 내가 자신을 다른 사람에게 온전히 바친다는 것을 의미한다고 본다. 그에 따르면 오늘날 많은 사람이 바라는 것은 좌절 없는 사랑이지만, 누구나 좌절을 겪을 수 있다. 그때 누군가가 나를 도와줄 수 있고, 또 나도 누군가를 도와줄 수 있다. 따라서 좌절 없는 사랑은 사랑이 아니다. 이러한 의미에서 진정한 자유는 누군가가 좌절에 빠져 있고, 큰 고통을 겪고 있을 때, 우리가 그 좌절, 고통을 야기하는 원인이 되는 모든 것의 전제를 들여다보고 문제 제기를 하는 것이다. 소통은 여기로부터 생겨난다. 또한 진정한 소통은 내가 속한 집단의 이념, 이데올로기를 넘어 타인을 이해하고 수용하며 그의 편에 서

3 자유 가자 운동(Free Gaza Movement)이 시작된 2007년 6월부터 이 운동의 대표적으로 상징적인 인물로서 데스몬드 투투(Desmond Mpilo Tutu, 1931-2021) 대주교와 노암 촘스키(Avram Noam Chomsky, 1928-) 교수가 있다. 이들은 이스라엘 정부로 하여금 가자 지구의 봉쇄를 풀 것을 요구하면서 국제연대운동을 벌이고 있다. 반면 이스라엘 정보국은 자유 가자 운동이 유대인의 나라에 위협을 가하고 있다고 주장한다. 한편 이스라엘이 점령하고 있는 또 다른 팔레스타인 지역은 요르단강 서안 지구(West Bank)이다. 이스라엘은 동예루살렘, 베들레헴, 여리고 등 약 50만 명이 거주하고 있는 지구 내의 이스라엘 정착촌을 보호한다는 명분으로 군을 상주시키고 있으며, 나아가 유대인 정착촌을 확대하고 8m 높이의 분리 장벽을 쌓았다. 지젝(Slavoj Zizek, 1949-)은 자신의 훌륭한 이스라엘 친구들은 서안 지구(West Bank) 팔레스타인 주민의 입장을 이해한다고 말하면서 진정한 자유는 자신의 조국을 부끄러워할 수 있는 것에서 나온다고 지적한다.

는 연대의 바탕이 된다. 그러나 진정한 연대는 지젝의 말처럼 그저 남을 위해 자신을 희생하는 것이 아니라, 당신이 아프면 나도 아프다는, 하나 되는 연결된 감정에서 가능하다.[4] 소통도 이로부터 출발하는 것이 아닐까?

4 이택광 기획, 『임박한 파국. 슬라보예 지젝의 특별한 강의』, 꾸리에, 2014, 167-168p 참조.

조재휘

영화평론가로 씨네 21 필진이자 국제신문에 영화 칼럼을 연재 중이다. 영화 〈아가씨〉 2016 메이킹 북『아가씨 아카입』을 집필했고 전주국제영화제, 부천국제영화제 모더레이터, 부산국제영화제 대중화위원회 POP-COM 진행위원, 영화진흥위원회 영화제 평가위원 등 영화와 관련된 여러 분야에서 활동 중이며 2020년『시네마 리바이벌』을 펴냈다.

<접속>1997에서 <헤어질 결심>2022으로

어긋남의 세속과 무아 無我 의 존재론

인터넷 문화의 등장이 전 세계를 하나로 묶고 민주주의를 촉진시킬 것이라던 초기 커뮤니케이션 이론의 장담은 섣부른 낙관이었을 것이다. 물리적, 시간적 거리를 넘어 개인과 세계를 연결하는 소통과 해방의 가능성이 일상화된 지금, 우리는 단절된 개인들, 타자와 충돌하고 갈등을 빚으며 공동체의 가능성로부터 차단당한 고독한 분자들의 현실로 귀결되고 말았음을 주변에서 목격하고 있다. 언어는 더 이상 남을 설득하고 공동체의 합의를 도출해내는 공론장의 역할을 감당해내지 못한다. 진지한 의견과 감성의 교환은 사라지고, 댓글창은 가벼운 감정의 표출이나 자기애의 과잉, 또는 승부의 양상을 띤 정념의 대결로 얼룩지기 십상이다.

종교와 이데올로기, 진영과 파벌이 갈리고 오해와 불신이 팽배하는 소통 불가능이 일상이 된 시대 속에서, 그럼에도 소통이라는 단어를 들먹이고 이야기해야 한다는 건 그다지 희망적이고 유쾌한 일은 아니다. 그것은 마치 '도가 없어지자 인과 의가 생겨났고, 지혜가 나타나자 큰 거짓이 생겨났다. 육친이 화목하지 못하자 효성과 자애가 생겨났고, 국가가 혼란해지자 충신이 생겨났다' 「도덕경」는 노자의 지적처럼, 그것은 역설적이게도 소통이 이뤄지지 못하기에 생겨나는, 불화하고 불행한 세속의 풍경들을 환기시킨다.

이러한 비관을 토로하는 건 한 땀 한 땀 정성들여 쓴 손편지로 흔히 추억되고 표상되곤 하는 아날로그에 대한 낭만적 미화라는 손쉬운 결론으로 도피하고자 함이 아니다. 옛이야기 속 바벨탑으로까지 거슬러 올라가듯 소통의 어려움에 대한 토로는 인류 역사 이래 늘 함께 해온 근본적인 난제였다. 돌이켜보면 의사소통 방식의 편의가 늘어나고 출구가 다양화된 현대이기 때문에 유독 두드러지는 것일 뿐, 고금을 막론하고 문제의 근간과 양상은 크게 다르지 않다. 우리는 〈접속〉 1997, 그리고 〈헤어질 결심〉 2022, 저마다의 방식으로 사랑을 이야기하는 두 영화를 통해서 소통의 형식에 관한 일리 一理를 끄집어내볼 수 있을 것이다.

〈접속〉 1997
생각의 틀을 깨고 어긋남의 세속으로

〈파업전야〉 1990 를 공동 감독하며 창작집단 장산곶매의 기수로 두각을 드러낸 장윤헌을 충무로에 안착시킨 〈접속〉은 PC 통신 문화가 막 태동하던 시대의 맥락 속에 멜로드라마의 통속적 구도를 접목시킨다. 영화는 시선의 방향이 엇갈린 사랑을 하던 두 사람이 의도치 않게 새로운 관계를 맺기까지의 과정을 훑는다. 라디오 방송 PD 동현은 과거에 사랑했던 선배 영혜를 잊지 못하고, 홈쇼핑 전화 호스트를 하는 수현 **전도연** 은 동거하는 룸메이트 희진의 남자친구인 기철 김태우 을 남몰래 좋아한다. 운전 중 라디오로 듣던 음악에 빠져든 수현은 동현이 진행하는 방송에 그 음악을 다시 신청한다. 이 곡은 동현이 영혜로부터 선물 받은 음반을 튼 것이었고, 이에 동현은 신청자가 영혜일지도 모른다는 생각에 채팅으로 수현에게 연락을 건다.

〈접속〉의 두 주인공 동현과 수현은 자신들이 갈구하던 사랑의 대상을 찾아 헤맨다. 그리고 본래 원하던 욕망의 대상에 닿는데 실패한다. 영혜를 그리워하던 동현은 종국에 그리워하던 사람의 죽음이라는 실재를 마주하고, 수현은 기철이 희진에게 청혼할 결심을 한 걸 알고는 충격 받는다. 주변 인물 역시 인연의 엇갈림, 계획의 어그러짐을 겪는 건 마

만남은 언제나 기로에서 엇갈리고, 메시지는 종종 수신되지 않는다.

찬가지이다. 라디오 작가 은희 추상미 는 직장 동료 동현을 사모하지만 동현은 좀처럼 눈길을 주지 않고, 희진에게 고백한 기철은 청혼을 거절당한다. 서로의 존재를 알아보지 못한 동현과 수현이 좁은 음반 가게 계단에서 스쳐지나가는 장면은 이러한 어긋남의 테마를 함축하는 상징적인 순간이 아닐 수 없다.

동현의 경우를 보자. 그는 수현의 실체를 알지 못한 채 그녀가 영혜일지 모른다는 막연한 기대에서 채팅을 통해 대화를 시도한다. 그리고 그녀가 영혜가 아니라는 사실에 실망을 금치 못한다. 그의 입장에서 바라마지 않은 깨끗하고 완벽한 사랑의 형태 이데아 는 영혜와의 재회였을 것이다. 그러

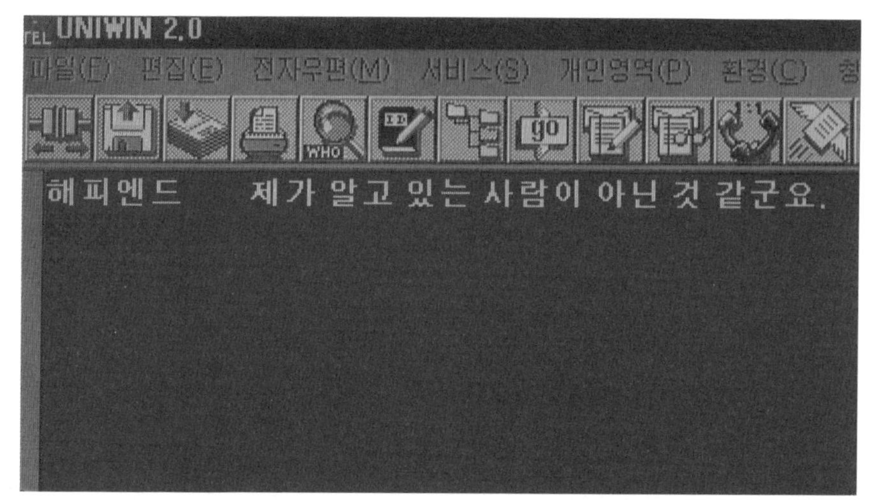

만남은 항상 오해에서 출발한다. 타자와의 어긋남은 피치 못한 삶의 조건인 것.

나 정녕 도달하고자 한 대상은 사라지고 없고 수현이라는 낯설고 새로운 불편한 타자가 등장한다. 이 돌발상황 앞에서 사랑에 관해 품고 있는 그의 생각 의 체계 과 의도는 무능해지고 만다. 동현은 나르시시스트이며 플라톤주의자다. 그는 이미 알고 있는 것을 재삼 상기하고 강박적으로 반복하면서 자기 자신의 상처를 위로하고 완전성을 지닌 관념의 성채 안에서 살고자 한다. 영혜의 죽음 소식을 듣고 병원에 들르는 데서 암시되듯 자기 생각에 머무는 삶은 고립과 죽음의 선을 그리거나 극 중 동현이 호주로 이민가려 했듯 도피를 거듭할 수밖에 없다. 니체라면 '골동품적 역사'「반시대적 고찰」라는 표현을 쓰며 비판했을 그 무엇이다.

정해진 의도와 생각의 틀에 머물며 살려는 이는 삶의 실제와 마주하길 거부하고 기피한다. 동현은 영혜에 대한 사랑에 애달파하고 그리워하는 자신의 연극적 삶, 자기 연민으로 지탱되는 일관성의 환상 안에서 안전하고 완전함에 머물길 고집한다. '우리들 각자가 상상적 시나리오를 수단으로 하여 일관성이 없는 타자인 상징적 질서의 근본적인 궁지를 해소시키고 은폐하는 방식' 슬라보예 지젝 그래서 자신이 영혜가 아닌 다른 사람이라는 수현의 고백, 원했던 답과 어긋난 현실의 불일치를 일순간 받아들이지 못하고 순간 동현은 공격적인 태도를 취했던 것이다. 머릿속의 관념에 골몰한 채 정답을 맞혀 가며 살아가려는 사람은 자기 존재와 생각의 밖에 놓인 실재의 도래 앞에서 속절없이 무너지기 마련이다. 수현에게 '사랑을 잊는 용기'를 가져보라 권하던 동현의 충고는 사실은 그 자신에게 적용되었어야 하는 말이었다.

그런 동현에게 활로를 열어준 건 수현과의 채팅을 통한 만남이다. 사소한 오해를 계기로 촉발된 소통이었지만 두 사람은 이루지 못하는 사랑의 아픔과 외로움을 공유하며 얼굴도 모르는 서로에게 동질감을 느끼게 된다. 생각이 발견해내는 것은 그 생각으로 인해 발견하도록 한 것과 꼭 일치하지는 않는다는 라캉의 지적처럼, 사소한 우연이 촉발한 만남은 본래의 의도에서 어긋난 다른 욕망의 길로 이들을 이끌고 새로운 삶과 사랑의 가능성을 열어준다.

〈접속〉의 엔딩은 그때까지 달려온 영화의 플롯과 소통의 철학적 의미를 단번에 그리고 탁월하게 함축해낸다. 이 장면의 공간과 동선 연출은 매우 의미심장하게 짜여있다. 수현은 피카디리 극장 앞에서 동현을 기다리고, 약속 장소에 나왔지만 정작 동현은 카페 창밖에 기다리는 사람이 수현이라는 걸 모른 채 바라본다. 수현은 동현이 앉아있는 카페로 들어가 공중전화로 메시지를 남기고, 바로 옆에서 이를 듣고 자리에서 일어난 동현은 광장에서 비로소 수현의 얼굴을

밀실에서 광장으로, 자아에서 타자로, 관념의 세계에서 세속의 현실로

마주한다. 예기치 않은 타자와의 급작스러운 만남 **수현의 들어감** 이 '내 생각 속에 갇힌' 실내 공간의 동현 존재를 '진리의 세속' **광장** 으로 이끌어내는 것이다. 그런 점에서 〈접속〉의 영어 제목이 'connection'이 아닌 'contact'인 건 묘한 지점이다. 앞으로 동현은 수현과 일구어갈, 때론 좋아하고, 때론 미워하고, 때론 진지하고, 때론 유치한 세속의 관계에서 자신을 비우고 다른 사람이 들어설 마음의 자리를 만들어갈 것이다.

〈헤어질 결심〉 2022

시선, 호흡, 파장. 느낌의 공동체.

〈헤어질 결심〉은 필름 느와르의 뼈대를 쓴 멜로드라마이다. 의문의 추락 사고가 일어나고 살인사건의 가능성을 수사하던 해준 박해일 은 미망인이자 용의자인 서래 **탕웨이** 를 만나고 걷잡을 수 없이 그녀에게 매혹된다. 여기서 박찬욱 감독은 직업인으로서 형사의 수사 과정을 연애 상대에 대한 탐색의 과정과 등치시킨다. 수사는 상대의 마음을 파고드는 과정이며, 관찰과 탐색을 빙자한 밀회의 순간들로 둘은 구분되지 않는다.

박찬욱은 아내 이정현 와 서래, 극 중에서 해준이 맺는 두 개의 이성관계를 통해 소통의 상반된 두 양태를 극단으로 대비시킨다. 먼저 해준은 아내와의 사이도 정상적이고 종종 육체관계를 맺지만 정작 시선을 교환하거나 솔직한 대화를 나누는 순간은 좀처럼 보이지 않는다. 언젠가 소설가 김훈이 "섹스 행위를 통해 확인할 수 있는 것은 자기의 감각밖에 없다. 자기가 느낄 수 있을 뿐이지 상대가 느끼는 바를 느낄 수 없다. 섹스는 결과적으로 편애다."「밥벌이의 지겨움」 인터뷰 中 라 한 걸 연상시키기라도 하듯, 감독은 해준 부부가 한 집에 살고 몸을 밀착하는 사이라도 의사와 상담 받을 때를 비롯해 바로 옆에 있어도 정면에서 눈을 마주하지는 않도록 연출함으로써 물리적으론 가까워도 심리적인 거리는 벌어져 있는 권태기임을 암시한다.

반면 서래와 해준의 관계는 정 반대로 연출된다. 언어의 차이가 있는 해준과 서래는 일정한 거리를 두면서 출발한다. 그리고 관계가 진척되어 감정의 결이 켜켜이 쌓여 갈수록 화면에서 보이는 둘 사이의 물리적 거리는 심리적 거리에 대응하듯 점진적으로 좁혀진다. 그리고 몸을 섞지는 않지만 눈을 섞는다. 불면에 시달리는 해준을 푹 잠들게 해주는 서래의 비결은 서로의 호흡을 함께 하는 것이다. 신체 접촉이 이뤄지진 않지만 서로 호흡의 박자를 맞추는 섬세한 '동조'의 과정. 문학평론가 신형철의 말처럼 "나는 너를 사랑하기 때문에 지금 너를 사로잡고 있는 느낌을 알 수 있고 그 느낌의 세계로 들어갈 수 있다. 그렇게 느낌의 세계 안에서 우리는 만난다. 서로 사랑하는 이들만이 느낌의 공동체를 구성할 수 있다." 그러기에 "사랑은 능력이다." 「몰락의 에티카」

해준이 산이나 바위와 같은 고체의 이미지로 표상되듯 바다와 같이 서래는 물의 이미지와 관련지어진다. 해준이 서래를 친밀한 연인으로 받아들이는 대목에서 물은 부드럽게 내리는 비가 되고, 의외의 진실이 드러나 그녀의 감정과 의도, 진실성이 의심받는 상황이 오자 한치 앞을 분간할 수 없는 짙은 안개로 변하며, 산 속에선 키스를 나누었을 때는 허공에 흩날리는 눈으로 바뀌는 등, 영화에서 물의 모티브는 거듭 변주된다. 이 중 키스를 나누고 하산한 해준이 불륜 상대와 짐을 챙기고 떠나는 아내로부터 눈 내린 적이 없었다는 말을 듣는 대목을 떠올려보자. 앞서 해준은 서래의 집 근처에서 잠복근무를 하며 쌍안경으로 집안을 들여다본다. 히치콕의 '이창' 1954 으로부터 받은 영향이 감지되는 이 장면은 더 나아가 바라보는 주체의 시선이 대상의 공간에 직접 들어가는 환상처럼 연출된다.

분명 이것은 서래에게 형언 못할 매혹을 느낀 해준의 주관적인 심상 세계에서 벌어지는 환상일 것이다. 아니, 사실 〈헤어질 결심〉 전체가 인물과 사건을 접하고 받아들이는 해준의 시점에 철저히 머무른 채로 전개되는, 한 여자에 대해 품은 한 남자의 환상에 관한 영화라고 보는 편이 옳을 것이다. 그리고 이것이 등장인물들이 맞이할 비극의 원천이 된다.

한 여자의 환상을 추격하는 형사의 이야기라는 점에서 〈헤어질 결심〉은 박찬욱 감독 본인이 큰 영향을 받았다고 고백한 〈현기증〉 1958 의 테이스트가 가장 진하게 나타나는 작품일 것이다. 〈현기증〉의 제임스 스튜어트가 연기하는 스코티는 킴 노박이 맡은 매들린에게 매혹을 느끼고 추적하지만, 정작 집착하고 사랑한 건 죽어버린 귀부인 매들린의 이미지였을 뿐, 진실이 드러나자 매들린을 연기한 실체인 주디를 매몰차게 대한다. 해준이 "나는요, 완전히 붕괴되었어요"라고 자조적인 말을 내뱉은 건 형사라는 직업인의 관점에선 '죄 없는 무고한 여자'이자, 사적으로는 진실되게 마음을 열 수 있는 '연인'이라는 서래에 대한 환상이 깨어졌기 때문이다. 해준의 남성성이 직업적 자부심과 긴밀히 연결되어있다는 암시는 바지 벨트를 풀었다가 경찰의 도구와 함께 다시 채우는데서 성적인 뉘앙스를 풍기며 암시된다.

그런 점에서 서래는 해준과도 다시 한 번 묘한 대구를 이룬다. 시선을 교환하고, 호흡을 함께하고, 절에서는 북을 울려 반대편에 선 해준에게 파장을 보내는 서래의 행동은 '저 친절한 형사의 심장' 아니 마음을 갖고자 하는, 은근한 소통의 염원을 담은 것이었지만, 영화의 말미에 잠시 스쳐 지나가는, 액체적 이미지로서의 파도가 고체화된 절벽에 부딪혀 산산이 흩어지는 인서트 컷에서처럼, 강고히 자리 잡은 상대에 대한 의심과 환상 앞에서 신호는 수신되지 않고 거부당한다. 여러 가지 해석이 가능할 중의적인 장면이겠지만 해안가에 이르러 서래가 선택한 죽음, 그것은 어쩌면 스스로 영영 붙잡을 수도 없는 타자가 되는 '어긋남'을 실천함으로써 해준의

서래의 등장은 항상 물의 이미지와 연관된다.

오해와 환상을 깨어주고자 한 마지막 전언, 소통의 한 극단이었는지도 모를 일이다.

우리는 이미 알고 있는 지식이나 편견과 선입견을 반복하는 걸 편안해하고, 또한 안전한 내면의 자아와 환상에 기대어 사는데 익숙하다. 인간은 관성의 동물이다. 그렇기에 우리는 예상하지 못한 타자와의 만남, 필연적인 '어긋남' 앞에서 급격히 무능해지고, 괴로워하고, 불편해한다. 그러다가 다시 자신만의 생각, 환상과 허영의 성채에 틀어박혀 스스로 상처 입고 허약한 자아를 위로하고 합리화하곤 한다. '대개는 각오가 아니라 습관과 우둔함에 의지해 살아' 로슈푸코 「잠

언록」가기 마련이다. 영혼과 영혼이 직접 대면하는 일이 있지 않는 한 소통의 어려움은 우리 삶의 피치 못할 조건인 것이다.

그럼에도 불구하고 중요한 건 타자와의 만남과 '어긋남'의 숙명을 마주함에 있어, 잠시 동안이라도 자아를 내려놓고 마음을 여는 일이다. 생각과 의도와 환상의 견고함이 풀어헤쳐지고 무너지는 자리, 불편한 타자를 응대하고 상대가 보내온 메시지를 제대로 수신하는 데서 소통의 장이 열리고 또 다른 가능성의 길이 생겨난다. 소통 불가능을 이야기하는 이 시대에 우리에게 필요한 건 무아 無我, 또는 망아 忘我 의 존재론 아닐까? 설령 우리가 끝끝내 알량한 자아의 한 조각을 미처 다 떨구어 내지 못하더라도.

'무릇 물주전자의 유용함은 물을 따를 수 있는 공 空 에 있는 것이지, 그 형상이나 그것을 만든 재료에 있는 것이 아니다. 허 虛 는 모든 것을 포장 包藏 하고 있음으로 해서 만능이다. 허에 있어서야만 운동이 가능하다. 자기 자신을 무로 하고, 사람을 자유롭게 받아들일 수 있는 사람은 여하한 상황에서도 지배자가 될 수 있을 것이다.'

- 오가쿠라 텐신「다론 茶論 」中

소통의 조건, 시선을 마주하는 것, 자아를 비우고 상대의 호흡과 리듬에 맞추는 것.

심상교

부산교육대학교 국어교육과 교수, 고려대 국어국문과와 동대학원을 졸업했다. 동해안별신굿과 영남지역 민속가면극을 중심으로 전통연희의 연행성 등을 연구하고 있다. 요즘은 한국민속신앙 속의 신격에 대해 연구하고 있다.

신은 존재한다.
고로 나는 소통한다.

1. 식당에서

"여행을 간다고?"

"네. 팀원들과 등산도 하고 맛있는 것도 먹기로 했어요."

"가지 마."

"가지 마라고요?"

"사고 난다. 가지 마."

2. 병원에서

"몸은 좀 어떠세요?"

"계속 아픕니다."

"자, 자기공명 정밀 사진입니다. 이상한 부분을 찾을 수가 없습니다."

"그렇다면-?"

"병을 정확하게 진단할 수 없다는 것입니다."

3. 카페에서

"난 왜 이러냐?"

"왜?"

"되는 일이 없어."

"어릴 때 죽은 친척이 앞길을 막아서 그래."

"뭔 소리야?"

"그거 풀어야 해."

위의 대화는 예언력 혹은 신기가 있는 사람과 그렇지 않은 사람과의 대화다. 어떤 상황인지 대부분 짐작하실 줄 안다. 그렇다. 1번 상황은 예언력을 가진 사람과 그렇지 않은 사람이 식사하며 나누는 대화다. 물론 두 사람은 아주 친한 관계이다. 식사 시작쯤부터 예언력을 가진 사람 눈에는 앞에 앉은 지인의 머리 위로 지인의 미래가 보이기 시작했다. 그런데 행복한 미래가 아니었다. 지인이 뭔가 무거운 물건을 지고 힘들어하는 모습의 영상이 언뜻 보이는 것이었다. 그러던 중 지인이 여행을 간다고 하자 예언력을 가진 사람은 거의 부지불식간에 가지 마라, 사고 난다고 한마디를 툭, 던지는 것이다. 예언적 상황이 들어가는 이런 식의 대화는 친한 관계일 때 더 정확해진다.

2번 상황은 주변에서 가끔 보는 사례다. 몸의 특정 부분이 아프거나 몸 전체에 통증이 나타나 견딜 수 없어 병원에 가서 정밀한 종합진단까지 받았지만 특별한 병을 발견할 수 없는 상황 속의 대화다. 몸이 아프면 원인이 있고 아픈 부위가 있는 법이다. 그런데 진찰을 받아도 병명을 알 수 없다고 하는 경우에 신병인가 이야기를 한다. 물론 농담이다. 치료할 수 없는 희소병도 아니고 실제로 아픈 곳이 없는 것을 확인한 다행스러운 상황을 이렇게 농담으로 넘기는 것일 테지만 아픔 호소를 신병으로 연결하여 농담하는 경우가 없지는 않다.

3번 상황도 친한 두 사람의 관계에서 나타나는 대화다. 예언력을 가진 사람과 그렇지 않은 일반인, 두 사람이 카페에서 일상적 대화를 나눈다. 일반인이 고난의 자기 삶을 토로하자 예언력을 가진 사람이 돌발적 대화를 내뱉는 상황이다. 이런 상황은 일반인 사이에서도 농담처럼 주고받는 경우가 더러 있다. 그리고 실제로 뭔가 일이 잘 풀리지 않는다고 생각할 때 점집을 찾아가고, 그때 점사를 보는 사람이 당신 조상이 구천을 떠돌아 당신 앞길을 막는다고 이야기하는 경우를 실제 경험해 봤거나 주변에 그런 경험자를 본 사람이 있을 것이다. 일이 뜻한 바대로 풀리지 않을 때, 스스로 맺힌 것이 있나, 풀어내야 하나, 그런 생각을 해 본 사람이 더러는 있을 것이다.

예언이나 신기는 객관적 사실 혹은 객관적 존재가 반영된 것이 아니다. 그래서 위의 대화 같은 상황이 많이 회자되고 실제 경험한 사람도 있지만 과학적 사실로 인정되지 않는다. 일반적인 지적 작용 속에서도 위의 대화는 정상적으로 받아들여지지 않는다. 없지는 않으나 있다고 말할 수도 없는 그런 기묘한 상황이다. 홍길동 같은 상황이라고도 할 수 있다. 아버지를 아버지로 부르지 못하는 상황과 다를 바 없다. 신이 있는 듯, 분명히 뭔가 소통되는 것이 있는 것 같지만 있다고 말하기 어려운 경우다.

존재하지만 객관적 언어에 의하여 설명되지 않는 기묘한 현상이 바로 민속신앙 속 소통이다. 민속 현상 속 소통은 상징과도 관련된다. 존재하지만 확증하기는 어렵고 어느 정도 인정한다고 해도 해석이 다양해질 수 있는 상징처럼 받아들여지는 것이 민속신앙 속 소통이라고 할 수 있다. 민속신앙 속 소통은 현실 속에서는 표현할 수 없는 형식이나 실재의 양식을 드러낸다. 전혀 무가치하거나 실재의 양식으로 드러나지 않았다면 민속신앙 속 소통은 존재하지도 않았을 것이고 전래되어 내려오지도 않았을 것이다.

민속신앙 속 소통은 도깨비의 주인공처럼 비로 오고 눈으로 온다. 하지만 그것이 실체라고 할 수는 없다. 한편으로는 실체가 아니라고 할 수도 없다. 만물에 신령이 깃들어 있다고 생각하는 사람은 지성인으로 보기 어려운 면이 있지만 무엇보다 이런 문제는 각자가 갖는 생각과 느낌에 따르면 된다. 만물에 신령이 깃들어 있지는 않지만, 만물을 소중히 생각할 수 있고 신령이 깃들어 있다고 생각한다면 생각의 범위를 그 이상으로 확대하지 않으면 된다. 만물과 신령을 연결지어 생각할 때 합리적 지식과 객관적·과학적 태도를 잃지 않으면 되는 것이다.

실생활 속에서는 지신은 땅으로 오고, 조황신은 부엌으로 오고, 성주신은 집안 전체로 오고, 철륭신은 장독대로 오고, 우물신 혹은 용왕신은 우물이나 다양한 물의 형태로 온다. 삶에 너무나 중요한 존재들이 신으로 모셔지는 것을 알 수 있다. 집이 있어야 살 수 있고 우물이나 수도의 물은 깨끗해야 하며 장독대나 집안 전체는 더 말할 필요도 없다. 태양이나 달, 산, 강 등 자연 만물 또한 인간을 이롭게 한다. 어떤 면에서 우리는 종교 없이는 살 수 있어도 태양이나 물 없이는 살 수 없다. 인간에게 가장 소중한 존재들을 귀히 여기고 이를 존중하는 것은 삶의 기본적 태도인데, 자연물에 이런 태도를 가지면 원시적이고 세련되지 못한 미신 행위라고 치부되는 경우가 많다.

위 1번 상황에서 여행을 가면 사고가 난다고 하여 여행을 갔는지 안 갔는지, 갔다면 사고가 정말 났는지 등이 궁금할 수 있다. 흥미로운 관심거리지만 이런 부분은 소통밖의 부분이라 더 언급할 수는 없다. 민속신앙의 소통 현상은 예언력을 가진 사람에게 그런 현상이 나타나는 지점까지라고 할 수 있기 때문에 그 이상을 언급할 수는 없다.

2번 상황은 대표적 신병 현상으로 정리되기도 하는데 신병 현상은 이외에도 여러 가지가 있다. 많이 알려진 경우가 잠을 자지 않아도 피곤한 줄 모른다거나, 산신령이나 조상을 꿈에서 혹은 조용한 밤 눈앞에 현시하는 상황과 맞닥뜨리는 현상도 신병으로 불린다. 3번도 신병 현상의 하나로 볼 수 있다. 무의식적인 상황에서 툭 하고 던져지는 말이 있는데 신병을 앓으면서 예언력이 생기는 경우 맺힌 것을 풀어야 한다는 식의 말을 하게 된다. 무의식적으로 던지는 말 중에서 상대방 집안 사정과 관련되는 말들이 나와 집안 싸움으로 번지는 경우도 있다고 한다. 신병 앓는 사람이 "너 아버지 빚이 많구나?"라는 말을 무심결에 상대에게 하고 이 말이 그 집안에 전해져 집안에서 빚의 실상을 추구하다 집안 다툼이 일어나고 이 다툼이 신병 앓는 사람의 집안으로 옮겨와 확전되는 경우도 있다.

민속신앙 속 소통이 특정 종교의 종교적 사실과 완전히 배치되는 경우도 있다. 종교적 사실로 세상은 신들과 초자연적 존재의 창조물이며 세계의 구조도 신의 생각에 따라 만들어진 것이다. 그런데 민속신앙에서는 이런 부분과 전혀 다른 실상을 보인다. 민속 신앙 속 소통은 일상적 지성 세계와도 다른 면이 없지 않다.

부산 광안리에 사는 이미자 만신은 신병 현상을 앓으며 어린 시절을 지났고, 신령들을 눈으로 확인하기도 했다. 자신의 몸에 들어온 신령을 순순히 받아들이는 과정을 지나 현재에 이른다. 한국전쟁이 끝난 후에 태어난 이미자 만신은 어린 시절부터 신기를 보였다. 누가 왔다 그러면 집안에

강신무 이미자 만신과 그녀의 신단(광안리 자택)

도둑이 들었다는 의미였고 그 외 자신도 모르게 내뱉은 몇 마디 말이 옆집 사정과 관련되기도 했고 자신의 앞길과 관련되기도 했다. 어린 시절부터 신과 만나는 행동에 익숙했다. 브니엘고를 졸업하고 서울의 간호전문대를 졸업한 후 결혼도 했지만, 아이가 여섯 살 때 결혼생활을 끝냈다. 몸에 들어온 신과 소통하는 삶을 살아야 했기 때문이다. 인간과의 소통이 아니라 인간과 신의 소통을 매개하는 삶을 살기 시작한 것이다.

원덕 해신당에서 기도 드리다가 외할머니와 접신하여

외가가 평안도인 것도 알게 되고, 외할머니가 외할아버지랑 손잡고 나타나 내가 성수 대신 아니시냐며 강신의 위상과 의미를 나타냈다고 한다. 이후, 소중한 대신방울도 마련했다. 양산 물금읍 함박산 토굴에서 산 기도를 하면서 부처님 현신을 경험하였고 휘황한 촛불에 둘러싸인 자신의 모습도 보았다. 산 기도 중 부친이 만들어 보내온 옥수 그릇 위에 백마장군이 나타나는 광경도 경험했다. 이후 본격적으로 무속업을 익히기 시작하여 여러 문서와 춤, 소리를 익혔다. 몸에 들어온 신격을 확인하기 위한 내림굿을 치른 것은 아니지만 여러 기도 과정을 통해 자신의 위상이 어느 신격에 해당하는지를 확인하였고 무속업을 배워 굿 연행에 뛰어난 자질을 발휘하였다.

구포 덕천동 덕천초등학교 뒤편으로 올라가면 구포당숲이 있다. 이 당숲에는 산신각과 고당각이 있고 여기서 지내는 제를 대리당산제라 하고 이를 바탕으로 치러지는 굿을 구포별신굿이라고 한다. 구포지역의 안과태평과 부귀공명을 기원하는 민속 신상 의례다. 이 의례는 신과 마을을 소통시켜 신의 가호가 마을에 퍼져 마을에서 액운이 사라지고 안과태평과 부귀공명이 마을에 내려지게 한다. 이 소통의 과정을 마을 사람들과 이미자 만신이 맡아 주도적으로 진행한다. 민간신앙 속의 구체적 소통 사례다. 이런 사례는 아직도 부지기수로 남아있다. 결핍을 메우려는 소통은 사라지지 않고 여전히 우리 곁에 남아있는 것이다. 우리 이웃, 성스러운 나무와 성스러운 땅에 여전히 남아 있는 것이다.

만신은 만 가지 신을 모시는 무당이나 굿 연행 능력이 뛰어난 무당을 높여 부르는 말이다. 여자 무당을 높여 부를 때 만신이라고도 한다. 만신들은 신이 존재한다고 확신한다. 자신이 모시는 신과 인간을 연결하여 인간들에게서 액운이 사라지고 큰 부자가 되고 나라에 꼭 필요한 존재가 되라고 굿을 하고 자신의 신령스러움을 활용한다. 여러 기록을 보면 1960년대까지도 병을 고침에 있어 무당에 의존하는 바가 적지 않았다고 한다. 병을 고치기 위해 무당의 굿에 의존했다는 기록이나 이야기는 병원이나 약국이 주변에 넉넉한 21세기 관점에서 상상하기 어려워 보이기도 하지만 틀림없는 사실이었다.

민속신앙에서의 소통은 주로 신과 인간 사이의 소통이다. 무당이 신과 인간의 중간에서 소통을 매개하기도 하지만 인간들 스스로가 신에게 소통을 청하여 자신의 결핍을 간구하기도 한다. 무당이 매개할 때는 빙의, 접신, 전이 등으로 나타난다. 이런 현상은 무당의 엑스터시적 상황과 관련되는데 엑스터시 기술의 핵심은 우주적 관점에서 인간적 관점으로 내려오는 것이고, 땅에서 하늘로, 땅에서 지하로 소통하면서 관련 내용을 구성한다. 무당은 이 구성을 통해 세계 곳곳에 신의 세계와 관련된 상징을 뿌려 놓는다. 사람들은 그 상징들에 구속되기도 하고 매료되기도 한다. 대표적 상징이 산, 나무, 땅이다. 우리가 사는 여기저기, 즉 인간이 사는 모든 땅에 신과 소통한 흔적이 남아 있다고 볼 수 있다.

소통은 수직과 수평으로 직조된다. 일방적인 소통은 없다. 일방적인 것은 부분 소통이다. 서로 교호할 때 소통이 완성된다. 죽은 사람을 좋은 곳으로 보내는 소통도 있지만 민간신앙의 소통은 일차적으로 현실의 행복을 지향한다. 민속신앙에서의 소통 목적이 인간 낙원을 만드는 데 있는 것이다. 인간은 소통을 완성시켜 인간 낙원이 이뤄지기를 간구한다. 하지만, 간구한 소통을 한다고 하여 인간 낙원이 만들어

동해안 오구굿 제단(김정희 오구굿, 11월 9일, 한국문화재단 민속극장)

지는 것은 아니다. 인간 낙원은 영원히 결핍일 것이다. 때문에 인간은 비과학적 세계인 신의 세계를 포기하지 못하고 소통의 완성을 영원히 지향할 것이다.

아크 ARCH-

공존을 위한 인문 무크지 5 **소통**

글쓴이 강동진 고윤정 김지현 김종기 김형곤
류영진 심상교 유 숙 이기준 이성철
이한석 장현정 정희준 조봉권 조재휘
차윤석 황규관

초판 1쇄 2022년 12월 28일

발행인 허동윤
고 문 이성철
편집장 고영란
편집위원 박형준 장현정 정 훈 조봉권

도 움 서동하 김혜진
디자인 전혜정

기 획 ㈜상지엔지니어링건축사사무소
주 소 부산광역시 중구 자갈치로42 신동아빌딩 5층

전 화 051-240-1527~9
팩 스 051-242-7687
이메일 sangji_arch@nate.com
출판유통 ㈜호밀밭 homilbooks.com

ISBN 979-11-6826-089-4 04060
ISBN 979-11-90971-13-3 04060(세트)

상지인문학아카데미

영화와 도시

programmed by
Community BIFF

---

22. 05. 24(화) ~ 23. 04. 19(수)

BNK 부산은행 아트시네마

부산 중구 광복중앙로 13, 3층)

대 상 | 상지인문학아카데미 회원

연회비 5만원

혜 택 인문무크지 '아크(ARCH)' 배송(연 2권), 연내 개최되는 아카데미 무료 강좌 우선 초정, 유료 강좌 할인 혜택, 굿즈 제공 등

주최·주관 | 상지건축 - 상지인문학아카데미

문의·접수 | 상지건축 대외협력본부

전화번호 051-240-1526, 1529

홈페이지 www.sangji21c.co.kr

블 로 그 blog.naver.com/osangji

일정	시간	내용
1회차 5/24(화)	18:30~20:30	**뜨거운 피: 디 오리지널** Hot Blood 2020년작 I 2022년 개봉 I 한국 I 천명관 감독 I 141분
	20:30~21:30	천명관 감독 특강
2회차 6/22(수)	18:30~20:30	**시** Poetry 2010년작 · 개봉 I 한국 I 이창동 감독 I 139분
	20:30~21:30	장정일 작가 특강
3회차 7/20(수)	18:30~20:30	**위대한 계약: 파주, 책, 도시** Great Contract: Paju, Book, City 2020년작 I 2022년 개봉 I 한국 I 정다운 감독 I 101분
	20:30~21:30	조형근 사회학자 특강
4회차 8/24(수)	18:30~20:30	**버블 패밀리** Family in the Bubble 2017년작 I 2018년 개봉 I 한국 I 마민지 감독 I 78분
	20:30~21:30	박배균 교수 특강
5회차 9/14(수)	18:30~20:30	**미안해요, 리키** Sorry We Missed You 2019년작 · 개봉 I 영국, 프랑스, 벨기에 I 켄 로치 감독 I 101분
	20:30~21:30	천정환 교수 특강
6회차 10/19(수)	18:30~20:30	**콜럼버스** Columbus 2017년작 I 2018년 개봉 I 미국 I 코고나다 감독 I 104분
	20:30~21:30	이소진 건축가 특강
7회차 11/23(수)	18:30~20:30	**비와 당신의 이야기** Waiting For Rain 2020년작 I 2021년 개봉 I 한국 I 조진모 감독 I 117분
	20:30~21:30	조진모 감독 특강
8회차 12/21(수)	18:30~20:30	**타오르는 여인의 초상** Portrait of a Lady on Fire 2019년작 I 2020년 개봉 I 프랑스 I 셀린 시아마 감독 I 121분
	20:30~21:30	박재연 교수 특강
9회차 1/18(수)	18:30~20:30	**컴온 컴온** C'mon C'mon 2021년작 I 2022년 개봉 I 미국 I 마이크 밀스 감독 I 109분
	20:30~21:30	김누리 교수 특강
10회차 2/15(수)	18:30~20:30	**사당동 더하기 33** Daldongne 33 Up 2020년작 I 한국 I 조은 감독 I 124분
	20:30~21:30	류승훈 역사민속학자 특강
11회차 3/22(수)	18:30~20:30	**그림자들의 섬** The Island of Shadows 2014년작 I 2016년 개봉 I 한국 I 김정근 감독 I 98분
	20:30~21:30	전우형 교수 특강
12회차 4/19(수)	18:30~20:30	**큐어** Cure 1997년작 I 2022 개봉 I 일본 I 구로사와 기요시 감독 I 111분
	20:30~21:30	이호걸 영화학자 특강

상지 (주)상지이앤에이/엔지니어링건축사사무소 · COMMUNITY BIFF 부산국제영화제 커뮤니티비프 · 모퉁이 관객문화협동조합 모퉁이극장